柔の道

斉藤仁さんのこと

山下泰裕＝編

講談社

柔の道

斉藤仁さんのこと

目次

第一章 剛毅朴訥

編集協力　岡村啓嗣
構成　竹内恵子　藤田健児
ブックデザイン　バーソウ

第一章

剛毅朴訥

次の五輪も一緒に見守ろう

――山下泰裕

やました・やすひろ

全日本柔道連盟会長、日本オリンピック委員会（JOC）会長

一九五七年、熊本県生まれ。東海大学大学院体育学研究科修了。東海大学二年時の一九七七年から、全日本選手権で九連覇を達成。一九七九年から、三大会連続で世界選手権優勝。一九八四年のロサンゼルス五輪で無差別級の金メダルを獲得した。一九八五年に現役選手を引退。一九九二〜二〇〇〇年には全日本柔道連盟ヘッドコーチを務め、柔道日本代表を率いた。現在、東海大学副学長、国際オリンピック委員会（IOC）委員などを兼務

はじめての対戦

仁《じん》ちゃんこと、斉藤仁《さいとうひとし》は、私にとって最大にして最高のライバルでした。

はじめて仁ちゃんのことを知ったのは、彼が高校二年、私が大学二年生のときです。私は仁ちゃんの三学年先輩になります。

彼は青森の公立中学を卒業して、東京の国士舘高校に入学。二年生のときに、柔道部の中心選手として国士舘のインターハイ団体戦初優勝に貢献しました。

そのチームで二年生は彼ひとりだったし、身体は大きいのに、柔軟性とバネがものすごくある。重量級でそういう選手をあまり見たことがなかったので、強烈に印象に残ったのです。

「将来が楽しみだな」

そう思ったのを、いまでもよく覚えています。一九七七年、昭和五十二年のことです。

当時、日本柔道の重量級には、私より上の世代に上村春樹《うえむらはるき》先輩（現在、講道館長）

をはじめ、四人も世界チャンピオンがいて、一九七六年のモントリオール五輪で私は補欠でした。

　そのときの私がまず越えねばならなかったのは、上の世代の人たちでした。

　一方、仁ちゃんは、高校三年の終わりに柔道日本代表の強化選手に選ばれ、国士舘大学に進学すると、その年（一九七九年）十月に行われた全日本学生選手権で、無差別級の決勝に進んできました。それで私とはじめて対戦することになったわけです。

　この試合で、私は苦戦しました。

　私が素直に抑《おさ》え込《こ》みにいくべき場面で、無理に十字固めで極《き》めようとしたのもいけなかった。ちょうどそのころ、私は十字固めの練習を熱心にやっていて、その技を試してしまったのです。最後は私が上四方固《かみしほうがた》めで一本勝ちするのですが、六〜七分かかったと思います。そのぶん、会場は沸《わ》きましたけど。

　仁ちゃんはまだ大学一年です。よく決勝まで上がってきたなと私も驚いたし、試合翌日の新聞は彼のことを「山下二世」「ポスト山下」と書きたてました。

　さらに、ロサンゼルス五輪の前年、一九八三年くらいからでしょうか、仁ちゃんがぐーっと追い上げてきました。

私は確信しました。「やがて斉藤仁の時代が来る」と——。

もう一度、彼の挑戦を受けよう

実際、その一九八三年から一九八五年まで、私と仁ちゃんは三年続けて全日本選手権（無差別級日本一を決める大会）の決勝で対戦しています。

それらを含めて、ふたりが闘ったのは計八試合ですが、やはり一九八五年の全日本選手権の決勝がいちばん印象に残っています。

ふたりの最後の闘いであり、私の現役最後の試合でもあります。そのとき、私は二十八歳でした。

この大会を最後に現役を退《ひ》くことは、二年前、一九八三年の世界選手権で私が優勝した日に決めていました。

つまり、国際大会に出るのは一九八四年のロサンゼルス五輪を最後にして、一九八五年の全日本選手権で仁ちゃんの挑戦をもう一度受けたら、選手としての柔道人生を終わりにする。そう決めていたのです。

私はロス五輪の無差別級決勝で、モハメド・ラシュワン選手（エジプト）に勝ち、優勝しましたが、二回戦の試合で脚にケガを負ってしまいました。

加えて、金メダルを獲《と》ってからというもの、お祝いの会だ、イベントだ、講演会だと、いろいろな催しがあり、ケガの治療とトレーニングに専念することができなかった。お祝いの会などで、私が涙を見せることもありましたが、あれはうれし涙ではありません。

「俺は、こんなところにいる場合じゃないんだ。仁ちゃんと万全の状態で闘うために、練習しなければいけないんだ」

そう思い、自分が情けなくて泣いていたのです。

一九八四年の暮れ、全日本選手権まであと四ヵ月ちょっとというころになって、ようやく練習を再開しました。

けれども、まったく調子が上がらない。私の稽古相手を務めてくれた学生が、のちに「山下先生は全日本選手権を棄権して、そのまま引退するんじゃないかと思いました」と振り返ったほどです。

試合の三週間前あたりから、ようやく調子が戻ってきました。やはり試合が近づいてくると、心身がそういう雰囲気になるのでしょう。何とか闘える状態になって、当日を迎えることができました。

全日本選手権はトーナメント方式ですから、負ければその時点で終わりです。仁ちゃんの挑戦をもう一度受けるためにこの大会に出ると決めたのだから、その前に負けてしまったら意味がない。一試合一試合、「これが最後の試合になってはいけない」と自分に言い聞かせてのぞみました。

それだけに、仁ちゃんと決勝戦の畳に上がったときは、「ああ、よかった」と胸を撫でおろしましたね。

勝負の行方は、気持ちの持ち方ひとつで変わる

決勝戦で組み合った瞬間、仁ちゃんがニヤッと笑ったように見えました。

「今日はいける。これまで組んだ山下さんとは違う。俺のほうが上だ」

そう感じたのでしょう。

結論から言えば、その試合は私が判定で勝ったのですが、きわめて微妙な試合でし

1985年４月、全日本選手権の決勝。
山下と斉藤の最後の闘いは、
柔道史上に残る名勝負のひとつと言われる

た。どちらに旗が上がってもおかしくなかった。彼のほうが、分《ぶ》がよかったかもしれません。

ただ私に言わせると、彼はひとつ過《あやま》ちを犯しました。

四分を過ぎたころ、私が仕掛けた技を彼が返して、一緒に畳に倒れ込む場面がありました。仁ちゃんのポイントにもならなかったのですが、彼は「やった！」と思ったはずです。

そこで彼はタイムをとりました。おそらく浮かれすぎないように、自分を落ち着かせようとしたのでしょう。

一方、私は畳に倒れ込んだ瞬間、「しまった！」と思っていました。でも、仁ちゃんがタイムをとってくれたおかげで、闘い方を組み替えることができた。そのための時間を、仁ちゃんが与えてくれたのです。

どうやったら勝てる可能性があるかと、私は必死に考えました。

「いまの流れのなかでは、俺はどうやっても、仁ちゃんを投げることはできないだろう。勝つための唯一の策は、彼をできるだけ精神的に追い込むことだ」

私は徹底的に攻め続けることにしました。とにかく攻めて、攻めて、仁ちゃんを追いつめたわけです。

　あのとき私が守りに入っていたら、流れを取り戻すことはできなかったでしょう。たいした技をかけたわけではないけれど、私が攻め続けたことで、彼はすごいプレッシャーを感じたのではないか。

　逆に、仁ちゃんにしてみれば、勝ちたいという気持ちが強くなりすぎて、「このまいけば勝てる」と思い込み、守りに入ったのでしょう。

　それまでのふたりの対戦成績は、私の七戦七勝です。仁ちゃんは「山下を倒したい」という一心で、ずっと努力してきたわけです。私がこの大会で引退することは、彼もわかっていました。だから、これが最後のチャンスだと思った。何としても勝ちたい。そういう強い気持ちが、逆に彼を萎縮《いしゅく》させ、消極的にさせてしまった。そういう面もあったのかな、と想像します。

　私が攻め、仁ちゃんが守りに入ったことで、審判は彼に「指導」を与えました。それで彼は、ますますミスができない状況になった。

　結局、時間切れで私の勝ちとなりました。

　勝負というのは、気持ちの持ち方ひとつで変わるのだと、最後の最後に痛感させられたのです。

畳を降りたら敬い合う

私と仁ちゃんはライバルであると同時に、柔道に対する思いは同じくらい熱く、信頼し合う仲でした。

思い出すのは、ロサンゼルス五輪の三ヵ月ほど前、柔道日本代表の調整合宿に一緒に参加したときのことです。場所は、私が通う東海大学の湘南キャンパス（神奈川県平塚市）でした。

その時期は、身体をかなり追い込むような稽古をするので、合宿所で用意してくれる食事では若干物足りなくなってしまいます。

気分転換もしたかったから、仁ちゃんを誘って、私の行きつけの寿司屋に出かけました。

大ジョッキを二～三杯ずつ呑《の》み、焼き鳥やうなぎの蒲焼き、てんぷらを食べ、寿司で腹を一杯にして帰ったのですが、後日、店の人にこんな話を聞かされました。

山下と斉藤といえば、畳の上で火花を散らし、気迫をみなぎらせて闘う姿しか、みなさんイメージできないのでしょう。だから、そのとき店にいたお客さんは、「いったいこれからどうなるんだ、ケンカがはじまるんじゃないか」と心配になり、私たちの会話に聞き耳を立てたそうです。

たいした話をしたわけではなかったと思いますが、私たちふたりは一時間、真剣に、でもなごやかに、柔道のことを語り合いました。柔道のことしか話さなかったと思います。

そうして私たちが帰ったあと、お客さんたちはこう言い合ったのだそうです。

「やっぱり、真の柔道家というのはすごいものだな」

畳の上では勝ち負けを競《きそ》っても、畳を降りたら敬《うやま》い合う。それが柔《やわら》の道だと思いますが、私と仁ちゃんのそんな関係が、お客さんたちにも伝わったのでしょう。

ロサンゼルス五輪に、ともに出場したときのことも忘れられません。

九五キロ超級に出る仁ちゃんの試合が七日目、無差別級の私の試合はその翌日、柔道の最終日に行われることになっていました。

日本代表は初日と二日目に金メダルを獲りましたが、そのあとの四日間は金メダルはおろか、銅メダルひとつしか獲れなかった。

七日目の朝、私が部屋で練習に行く支度《したく》をしていると、ノックの音がしました。仁ちゃんです。

「先輩、行ってきます。必ず勝ってきます！」

彼は力強く言いました。

「仁、頼んだぞ！」

私はそう答え、彼の手を強く握った。ちょうどその場にいらっしゃった東京都柔道連盟の関根《せきね》忍《しのぶ》会長は、涙が出そうになったそうです。

約束どおり金メダルを獲った仁ちゃんは、試合後、まっすぐ私のところにやってきて言いました。

「先輩、勝ちました。これが金メダルです。明日は頼みます！」

私は気持ちをふるい立たせ、翌日、金メダルを手にすることができたのです。

私と仁ちゃんは、生まれこそ私が熊本、仁ちゃんは津軽とかけ離れていますが、熊本県人の気質は「肥後《ひご》もっこす」、津軽人の気質は「じょっぱり」という言葉で言いあらわされ、どちらもがんこでねばり強く、「土佐いごっそう」とともに日本三大がんこ者に数えられるそうです。

柔道のことを、ひたすらに思う気持ちは共通していました。

ケガとの闘い

これからは当分、斉藤の時代が続くだろう――一九八五年に私が引退したとき、私を含めて誰もがそう思ったはずです。

ところが、その年の九月、ソウルで開催された世界選手権の九五キロ超級の決勝で、仁ちゃんは韓国の趙容徹《チョヨンチョル》選手に腋《わき》固めをかけられ、ひじを脱臼。試合を棄権し、翌日の無差別級も欠場を余儀なくされました。

帰国後、靭帯《じんたい》を損傷していたことも判明し、ここから彼のケガとの闘いが続くことになるのです。

趙選手の腋固めは、われわれから見れば明らかに反則です。私は会場のテレビ解説席にいたのですが、無意識のうちに席から降りていって、審判や国際柔道連盟の人たちに「あれは反則だろう！」と抗議したほどです。そのときの日本代表監督・佐藤宣《さとうのぶ》践《ゆき》先生に「わかった、わかった」と諭《さと》され、はっとわれに返ったら、もう恥ずかしくて実況席に戻れませんでした。

この大ケガで、仁ちゃんは私を急速に追い上げてきたときのような柔道ができなくなってしまった。

一九八八年に開かれるソウル五輪の出場にも、黄信号が点《とも》りました。

彼が棄権した世界選手権の無差別級は、代役として出場した正木嘉美《まさきよしみ》選手が優勝。翌一九八六年四月の全日本選手権に仁ちゃんは強行出場したものの、準決勝で判定負けを喫《きっ》します。優勝したのは、やはり正木選手です。さらに、小川直也《おがわなおや》選手も台頭してきていました。

そのうえ、一九八七年四月の全日本選手権を前にして、練習中に仁ちゃんはひざを故障してしまいます。右ひざ半月板損傷、および同靭帯部分断裂という重傷です。

「先輩、ひとつ相談したいことがあるんですけど、いいですか。全日本選手権は、無理をしてでも出たほうがいいんでしょうか」

仁ちゃんから、そう訊《き》かれました。全日本を欠場すれば、その年十一月の世界選手権に出ることはできなくなります。

「『そうなったらソウルの目はないだろう』と日本代表の監督から言われています。でも、ひじもひざも十分な状態ではありません。自分の柔道ができるかと問われれば、自信がありません」

その世界選手権でほかの選手が活躍すれば、仁ちゃんの五輪出場は非常に難しくなります。彼はこう続けました。

「ですから、今度の全日本に無理して出たほうがいいのか、ここは我慢したほうがいいか、迷っているんです」

私は言いました。

「十分な状態でないならば、出てほしくない」

ケガが完治しないまま出場すれば、さらにケガを重ねる可能性が高い。その瞬間、彼の五輪出場の夢は完全についえます。

「来年四月の全日本選手権で勝てば、ギリギリだけどチャンスは生まれる。だから、いまは出てほしくない」

そのように私の気持ちを伝え、「いずれにしろ、自分の人生を決めるのは自分だよ」と告《つ》げたのですが、その後、連絡が来ました。

「悩みましたけど、やっぱりやめます。治療に専念して、トレーニングを積みます」

そして、仁ちゃんは翌年四月の全日本選手権で優勝するのです。鬼のような、ものすごい形相《ぎょうそう》で向かっていった仁ちゃんの姿を、いまもよく覚えています。

彼にとって、七度目の挑戦にして、初の全日本選手権制覇でもありました。

そのあと福岡で行われた全日本選抜体重別選手権でも優勝して、仁ちゃんは見事ソウル五輪代表の座を手に入れたのです。

涙があふれてきた

ソウル五輪の柔道会場でも、私はテレビ解説席にいました。

大会七日目。九五キロ超級に出場した仁ちゃんは、初戦で畳に上がるとき、私のいる方向に目を向けました。でも、私を見ているのではなく、解説席の近くに国士舘の先生がいらっしゃるのだろうと私は思っていました。

二回戦のときも、やはり彼は私のほうを見たので、まわりの席を確認したら、それらしき人はいない。

「ああ、仁ちゃんは、俺の顔を見ているんだ」

そう確信しました。

準決勝の相手は、三年前にひじを脱臼させられた、因縁の趙容徹選手です。くせ者で、相手がいやがる柔道をするので、このときも仁ちゃんは苦戦します。趙選手がタイムをとったとき、仁ちゃんがまた私を見ました。

「山下先輩、いま私は勝っていますか？　危ないですか？　いけますかね？」

彼の目が、そう語りかけているように見えました。

私が「大丈夫だ。大丈夫だ」とうなずいたら、彼がうなずき返しました。それから仁ちゃんのペースになったのです。

前年の世界選手権で、日本代表は好成績をあげたのですが、この五輪では初日から六日目まで、男子は全階級で決勝の前に敗れていました。だからなおさら、仁ちゃんが決勝にも勝って金メダルを獲ったとき、私は涙がこぼれてしかたがなかった。

「ありがとう」という感謝の涙です。最後の最後に、彼が日本の柔道を守ってくれたのです。

このときの仁ちゃんの柔道には、かつての豪快さはまったくなかった。別人のようでした。

ケガで苦しみ、本来の柔道ができないなかで、最善を尽くして優勝した。その道のりと苦労を思いやったら、自然に涙があふれてきたのでした。

すさまじい執念

身体だけ比較したら、私より仁ちゃんのほうが恵まれていたかもしれません。

私は身長一八〇センチ、体重一二八キロ。仁ちゃんは、身長は同じでしたが、体重が一四〇キロくらいあった。にもかかわらず、倒立歩行ができました。

しかも、平気で五〇メートルくらい逆立ち歩きをする。私も運動神経はいいほうですが、せいぜい五～一〇メートルしか倒立歩行はできませんから。

あの身体と身体能力があったからこそ、あれほどの選手になったわけですが、もちろんそれだけではありません。

私がまだ現役選手だったころ、日本代表の合宿などで一緒になると、仁ちゃんはいつも私と稽古をしたがりました。

私としては力の差があるときはいいけれど、実力が接近してくると、彼と稽古をすれば手の内を明かすことにもなるので、正直やりたくない。「もう来てくれるなよ」という思いから、あえてほかの選手がいる前で投げ飛ばしたり、絞《し》めたりして、わざと恥をかかせたこともあります。

たいていの人は、それで嫌がって来なくなります。でも、仁ちゃんはまったく懲《こ》りずに、何度でも「先輩、お願いします」とやってきた。

だから私は、彼からいちばん離れたところに稽古相手を連れていき、彼が私のところにやってくる前に、稽古を終えるようにしたこともあります。

稽古場での仁ちゃんの気迫や努力には、すさまじいものがあったのです。「打倒山下」という目標、その一点にすべてを捧《ささ》げる。山下を倒すためだったら、泥まみれになっても、どんなに恥をかいてもかまわない——すさまじい執念を感じました。

いま考えれば、私はロサンゼルス五輪を最後に引退し、翌年の全日本選手権、仁ちゃんと最後に闘ったあの大会に、あえて出場する必要はなかったのかもしれません。

でも、当時はこう思い込んでいました。

「俺にはもう一度、斉藤のチャレンジを受ける義務がある」

彼は私を倒すために、ずっと努力してきました。先輩として、ライバルとして、その努力になんとしても応《こた》えなければいけないと私は考えた。

仁ちゃんの柔道に対する姿勢が私を動かし、もう一度畳の上に立たせたのです。

ああ、仁ちゃんが亡くなったんだ……

仁ちゃんから、肝機能の数値がよくないと知らされたのは、二〇一三年の夏だったと記憶しています。

彼は一九八九年に現役を引退したあと、国士舘大学柔道部の監督、柔道日本代表のコーチや監督などを務《つと》め、指導者として忙しい日々を送っていました。

その夏の時点では原因はわからなかったのですが、検査を続けた結果、十一月に胆《たん》管《かん》に異状があることが判明。東大病院に入院し、年が明けた一月上旬に、私は見舞いに行きました。

「必ず復帰します。だから、何も問題はありません」

彼はそう言い、病気のことはそっちのけで、日本の柔道界のこれからのことをずっと話していたのを覚えています。

一時間以上の間、八割くらいは彼が話していたと思います。これからの柔道界をどうするべきか、仁ちゃんは真剣に考えていました。

そして、「必ずがんに打ち克《か》ちます」と言った。でも、長い時間、話をしたのはそれが最後になりました。

その年の暮れ、仁ちゃんは自宅のある大阪の病院に転院し、私は年明けすぐに病室を訪ねましたが、もうほとんど話ができない状態だった……。

二〇一五年一月二十日の朝早くでした。

携帯電話が鳴っているのに気がついて手に取ると、いくつもの着信が入っていて、その瞬間、直感しました。

「ああ、仁ちゃんが亡くなったんだ……」

あまりに早すぎると思い、胸が苦しくなりました。

剛毅朴訥《ごうきぼくとつ》——仁ちゃんの好きな言葉です。正直で実直な彼にぴったりな言葉だと思います。

仁ちゃんの人生は華《はな》やかなときもあれば、泥まみれの時期もありました。とくにケガ続きのころは、苦しかったたろうし、つらかっただろうと思います。でも、そういう経験をしたからこそ、もっともっと柔道界で、日本の、いや世界のスポーツ界で果たすべき役割があったはずです。

一九九二年から私が日本代表の監督を務めていたとき、仁ちゃんは重量級のコーチをやってくれました。二〇〇〇年のシドニー五輪を最後に私が監督を退き、全日本柔道連盟の男子強化部長になると、彼は日本代表の監督に就任し、二〇〇四年のアテネ五輪を経て、二〇〇八年の北京五輪まで指揮をとりました。

二〇一二年には強化委員長に就《つ》いています。彼に要請があったのは、その年のロンドン五輪で日本柔道が惨敗し、二〇一六年のリオデジャネイロ五輪での復活を目指そうという時期。仁ちゃんは私に言いました。

「先輩、私に強化委員長をやれという話がきています。でも、私は先輩がやるべきだと思う。だから、受けていいものか、悩んでいます」

即座に私は答えました。

「何を悩む必要があるんだ。ぜひ受けてくれよ。そして日本柔道界を立て直してくれ。いまの柔道界のさまざまな問題をいちばんわかっているのは仁ちゃんだ。俺も全面的に協力する」

斉藤強化委員長のもとで、リオ五輪を迎えたいと願った者は、私のほかにもたくさんいます。何より本人が切望していたでしょう。

でも、それは叶《かな》わなかった。

彼のネクタイをしめて

「これ、よかったらリオに持っていっていただけませんか。斉藤が愛用したネクタイです」

仁ちゃんの奥さんの三恵子《みえこ》さんにそう言われていただいたネクタイをしめ、私はリオ五輪の柔道会場で、仁ちゃんと一緒に日本代表の闘いを見守りました。

井上康生《いのうえこうせい》監督率いる日本男子は、金メダルふたつを含め、七階級すべてでメダルを獲りました。

「よく立ち直ってくれた」と、仁ちゃんも喜んでくれたと思います。

いまはきっと、来年（二〇二一年）の東京五輪へ向けた柔道日本代表と、二人の息子さんのことを、空のうえから厳しく見守っているのではないでしょうか。

仁ちゃんと同じ重量級の有望な選手が、次男の立《たつる》くんです。国士舘高校を今年の春に卒業し、いまは国士舘大学の柔道部に所属しています。

私から見ても、彼は柔道の筋がとてもいい。体重が一六〇キロ近くありますが、ほかの重量級の選手にはない長所をそなえています。組み手が速く、攻めもスピードがあるのです。

全日本選手権九連覇など私が作った記録を、いずれ立くんが塗り替えてしまうかもしれない。その可能性があると感じる柔道選手は、いまのところ彼だけです。

父親のライバルだった選手を超える――それが実現する日を、仁ちゃんは心待ちにしているでしょう。私もとても楽しみにしています。

そして、私はリオのときと同じように、東京五輪も仁ちゃんと一緒に、日本代表の闘いを見守りたいと思っています。

おまえがいなければダメなんだ

——川野一成

かわの・かずなり

国士舘中学・高等学校柔道部総監督

一九四四年、福岡県生まれ。国士舘大学を卒業後、国士舘高校の教員になり、柔道部の監督に就く。自らスカウトした斉藤仁が一九七六年に入部。翌一九七七年にインターハイの団体戦で初優勝を果たす。一九八五年、国士舘中学校柔道部が創設され、その監督に。一九九〇年、全国中学校柔道大会で初優勝を遂げる。その後、中学・高校柔道部の総監督になる

純朴な少年

目の前の十五歳の少年がはいている黒い学生ズボンには、股のところに当《あ》て布《ぬの》が縫《ぬ》いつけてあります。

そんな彼を見たとき、私は思いました。

「ひょっとしたら、この子は柔道界のトップに立つかもしれん」

会うのはそれがはじめてです。彼の柔道を見たこともありません。しかし、私はそう感じたのです。

彼は腰まわりや腿《もも》が太すぎて、既製の学生ズボンがはけない。だから、股の縫い目をほどいて当て布をつけ、股の部分を広げていたわけです。

どっしりとした足腰もさることながら、そういうズボンをはく純朴さに、私はとても惹《ひ》かれました。

彼こそ、当時、青森市立筒井《つつい》中学校の三年生だった斉藤仁です。

私は、東京の国士舘高校で柔道部の監督に就《つ》いて九年目。そうやって青森で斉藤とはじめて会ったのは、忘れもしない一九七五年十二月のことです。

私が斉藤のはくズボンに目をみはる一方で、斉藤も私の格好を見て、びっくりしていました。

そもそも私が彼に会いに行ったのは、その二ヵ月ほど前、青森出身の国士舘大学の先生から、「青森にすごい子がおるそうですよ」と教えられたからです。すぐにでも会いたいと思ったものの、学校の行事が多くてままならず、十二月になって面会の約束を取りつけました。

ところが、面会の二日前に、国士舘高校の寮が火事で焼け落ちてしまったのです。私も寮で暮らしていたので、青森に行っている場合ではないと思い、面会を延期してもらおうと筒井中学に連絡しようとしましたが、電話を手にしたとき、ハッと気づきました。

「たしかに火事でこちらはたいへんだ。でも、それは向こうには関係ない。約束は約束だ」

私は受話器を置き、翌日の夜行列車に乗りました。

青森駅に降りたったのは朝六時くらいで、ものすごい吹雪です。

学校に着いて校長室に案内されると、すでに校長先生や斉藤本人、彼のお父さんたちが待っていました。

私を見るなり、みなさんが驚いたのがわかりました。

猛吹雪にもかかわらず、私はジャージにペラペラのヤッケ一枚という格好だったからです。

寮の火事で、私の服もすべて焼けてしまいました。それで近所のスポーツ用品店でジャージを借り、学校の売店でいちばん安いヤッケを買って、青森に向かったのでした。

命を懸けて

「先生、寒くねんだか？」

お父さんに訊《き》かれました。

「すごく寒いです。こんな格好でお目にかかる失礼をお許しください。でも、いま行かないと、斉藤くんが国士舘に来てくれなくなるような気がして、夜行に飛び乗りました」

そう答えてから、わが柔道部のことを説明し、子供たちの指導に対する私の思いをぶつけました。

当時の国士舘はやんちゃな生徒が多く、世間の印象は決してよいものではなかったので、「柔道部が日本一になってイメージを変えたい」と訴えたことも記憶に残っています。

斉藤とお父さんは、目を閉じてずっと無言でした。寝てしまったのかと思ったほどです。

「これは、ダメかもしれないな……」と思いながらも、私は一生懸命話し続けました。一時間くらい、しゃべったでしょうか。私の話が一段落すると、お父さんが口を開きました。

「先生にあずけます」

まさか、その場で答えをもらえるとは思っていなかったので、びっくりしました。

私は柔道選手として、目立つような実績はありません。持っていたのは、柔道を愛する気持ちと、指導者として誰にも負けない情熱だけです。それをわかってもらえたのでしょうか。

あるいは、火事に遭《あ》って服がすべて焼けても、青森まで会いにきた熱意を受けとってくれたのかもしれません。

お父さんは、続けてこう言いました。

「あずける以上、煮ようと焼こうと、先生の自由にしてください」

言いかえれば、「絶対に一人前にしろ」ということです。

東京へ帰る列車の寝台に横になり、背筋がぞーっと寒くなったのを覚えています。

「ああ、これはたいへんなことになったな……」

こんな私を信頼してくれたのはうれしかったけれど、同時に責任の重さを感じて怖くなり、あらためて気を引き締めました。

「お父さんの決断に報《むく》いなければ男じゃない。命を懸《か》けて、斉藤をものにしなければいけない」と――。

もっとも、斉藤本人は、

「冗談じゃない。なんで、東京に行かなければいけないんだよ」

と思ったそうですが……。

ただものではない

お父さんに連れられて斉藤が上京してきたのは、入学前の春合宿のときです。

「稽古を見ていってください」とお父さんに言ったのですが、「もう先生にあずけたのだから」と、すぐに帰ってしまいました。未練をパッと断《た》ち切るかのようでした。

そのとき、斉藤の気持ちはまだ揺れていたでしょう。

お父さんが情をかけでもしたら、斉藤も一緒に青森に帰ってしまったかもしれません。お父さんのあの厳しさが、世界一の柔道家を生んだのだなと、いまあらためて思います。

私はその日、柔道着に着替えた斉藤にストレッチをやらせました。そして、青森ではじめて会ったときの直感が間違いでないことを確信しました。

座って両足を開き、上半身を曲げる、つまり相撲の股割りをやらせると、ビターッと頭が畳についたのです。当時、彼は身長一七八センチ、体重が一〇〇キロくらい。それなのに身体が、とくに下半身がものすごくやわらかい。

「やっぱり、この子はただものではない」

そう思った私は、ふと思いついて訊きました。

「倒立はできるか？」

斉藤は「はい」と答えるや、逆立ちをして、トントントントンと歩きます。まさかできると思っていなかったので、これにも驚かされました。

また、彼が入部して間もないころ、私はこう問いかけました。

「おまえ、強くなりたいか？　山下《やました》（泰裕《やすひろ》）くんに勝ちたいか？」

山下さんはその前年、東海大学付属相模《さがみ》高校の三年のときに、全日本選手権で準決勝まで進み、将来の世界チャンピオンと言われていたからです。

斉藤は「勝ちたいです」と即答し、「それなら、組み手を左に変えろ」と私は命じました。

斉藤は右利きです。柔道でも右手で相手の襟《えり》をつかむ「右組手《みぎくみて》」だったのですが、左手でつかむ「左組手《ひだりくみて》」に変えさせました。

当時、強い選手は左組手が多く、山下さんもそうでした。

右組手の選手は、左組手の人と闘うのを嫌がり、事実、山下さんは右組手の相手には圧倒的に強かった。だから、斉藤を左組手に変えたほうが、少しは分《ぶ》がよくなるのではないかと考えたわけです。

そのうえで、背負い投げの練習を徹底的にやらせました。

そういう投げ技や担《かつ》ぎ技は重量級の試合では決まりにくく、体重の重い選手には払い腰、大外刈りといった技の練習をやらせるのがふつうでした。

でも、斉藤には持ち前の身体のやわらかさがありました。

彼の身体能力をもってすれば、背負い投げを自在に繰《く》り出すことも可能でしょう。

重量級の選手が投げ技と担ぎ技を体得すれば、柔道の幅が格段に広がると考えたのです。

日本一の努力

日本一厳しい——国士舘高校柔道部の稽古を、斉藤はそう評していたそうです。

よその学校がどんな稽古をしているか、私は詳しくは知らないので、日本一かどうかはわかりませんが、こう思っていました。

「日本一になりたかったら、日本一の努力をしなければならない」

だから、納得するまで部員に稽古をさせた。半端《はんぱ》ではなかったのは事実です。

斉藤も夏休みに帰省したあと、東京に戻ったのはいいけれど、寮に帰るのが嫌で、山手線に乗ってそのままぐるぐる回っていたことがあったそうです。

当時の部員に、私はよく言っていました。

「ふた冬越せば、春が来るぞ」

一年生のときは怖い先輩がたくさんいて、稽古も厳しい。まさに冬の時代です。

二年生は、少しましになるとはいえ、まだまだ冬。

しかし、そこでがんばって三年生になれば、春が来る。おまえたちの時代がやって来る。そのとき、二度の冬を乗り越えた気持ちを爆発させるのだ。だから、いまは苦しく、つらいだろうが、辛抱せい。そうすれば、おまえたちの時代が必ず来る。

そう叱咤激励《しったげきれい》し、部員もがんばってくれました。

とりわけ思い出深いのは、一九七八年、斉藤が三年のときのインターハイ直前の稽古です。

その前年、国士舘高校は、二年生でただひとり出場した斉藤の活躍もあって、イン

上／1977年８月、インターハイの団体戦で
国士舘高校は念願の初優勝を果たす。
前列中央が川野監督、後列左が斉藤
下／斉藤と父・伝一朗《でんいちろう》。1988年４月の全日本選手権で

ターハイで念願の初優勝を飾りました。

七八年は連覇を狙っていましたが、その直前、七月の金鷲旗《きんしゅうき》高校柔道大会（当時はインターハイと並ぶ、高校柔道二大大会のひとつ。現在は、全国高等学校柔道選手権大会も加わり、高校柔道三大大会のひとつ）は準優勝に終わってしまったのです。

私は悔《くや》しくてたまらず、部員たちに檄《げき》を飛ばしました。

「いいか、八月のインターハイで絶対に取り返さなければいかん。俺は命を懸ける。おまえたちも、命を懸けろ！」

それからインターハイまでの十日間、冷房もなく四〇度近くになる道場で、連日稽古に励みました。

いま振り返っても、私の生涯においていちばん厳しい稽古です。部員たちはほんとうによく耐え、斉藤もこの稽古でさらに伸びました。

ただ、まさかほんとうに自分が命を懸けることになるとは、思いもしませんでしたが……。インターハイが開催される福島県の会津若松に乗り込み、予選リーグを闘っている試合会場で、私は脳血栓《のうけっせん》で倒れてしまったのです。

幸《さいわ》い意識はあったので、その場に部員を集めて言いました。

「いままでやってきたことをすべて出し切れ。そうすれば優勝できる」

言い終わるや私は意識を失い、気がついたら病院にいました。

翌朝、意識が朦朧《もうろう》とするなかで、看護師さんにこう言われたのが忘れられません。

「先生、優勝しましたよ」

そのとき私は「まさか、俺がいないのに無理だろう。俺を元気づけるために、嘘を言ってくれているんだ」と思ったのですが、ほんとうに優勝していました。

「先生が倒れたから、絶対に負けるわけにはいかなかった」

のちに斉藤は、そう話してくれました。

相手の懐に入る

一九七九年、斉藤は高校を卒業して国士舘大学に入り、私の手を離れました。

それ以降は山下泰裕さんをはじめ、さまざまな人たちに大きくしてもらったわけですが、やはり山下さんにはとりわけ感謝しなければいけないと思っています。

斉藤の成長にとって、その存在がたいへんなプラスになったと思うからです。斉藤にこう言ったことがあります。

「強い選手にどうしても勝ちたいと思ったら、その人の懐《ふところ》に入るんだ」

そうすれば相手のすごいところがよくわかるし、弱点も見つかります。

私の言葉を意識したからでしょうか、斉藤はしつこいくらいに山下さんに稽古をお願いしたと聞いています。結局、一度も勝てませんでしたが、山下さんがいなければ、彼は世界の頂点に立てなかったかもしれません。

斉藤が高校を出たあとも、折にふれて私たちは話をしました。とくに一九八八年のソウル五輪のときのことは、いまでもよく思い出します。

当時、私は高校とあわせて国士舘中学の柔道部を指導しはじめ、五輪の開催時期に中学の柔道大会があったため、ソウルには行っていません。

斉藤が渡航する前に、こんなアドバイスをしました。

「いまから自分の心構えをつくっておけ。ソウルに入ってからでは遅いぞ。九五キロ超級のおまえが出るのは、柔道の競技日程のいちばん最後の日だ。たとえばの話、その前の日までに出た日本の選手が全員、金メダルを獲《と》れなかったらどうなる？『斉藤、おまえしかいない。頼むぞ』と、みな言うだろう。それでおまえが動揺したら、必ずやられてしまう。ほかの人がどうなろうと気にせず、自分の柔道で、自分のやり方で金メダルを獲る。それだけを考え、そういう心構えをいまからしっかりつくっておけよ」

そのとき「たとえばの話」として言ったことが、ほんとうに起こってしまいました。日本はひとつも金メダルを獲れないまま、斉藤が出場する最終日を迎えることになったのです。

試合前日、斉藤から電話がかかってきました。

「先生、私は大丈夫です」

彼は言い切りました。動揺している雰囲気は微塵《みじん》も感じられなかったので、安心して私はこう話しました。

「負けた選手には悪いが、おまえはすばらしく恵まれたやつだな。おまえが金を獲れば、それはただの金ではない。ソウル五輪の柔道の締《し》めとして、おまえが金メダルを獲る。そういう舞台を、みんながつくってくれたんだ。絶対に獲らなければいかんぞ」

「はい、わかりました」と答えたあと、斉藤が私に尋《たず》ねました。

「ところで先生、中学の大会はどうでしたか?」

ふつうは、そんなことを慮《おもんぱか》る余裕はないはずです。

「やっぱりこいつは、たいした男だな」

と、あらためて感心したのでした。

斉藤の試合は、学校の講堂のテレビで観ました。彼が金メダルを獲ったときは、生徒に見られたら格好悪いので、私は物陰で泣いていました。

涙をおさえることは、私にはできませんでした。

人間の幅

一九八四年のロサンゼルス五輪で優勝してからソウル五輪までの四年間は、斉藤をいちばん成長させた期間だと思います。

ロサンゼルスのときは、山下さんが無差別級に出て、斉藤は九五キロ超級。立場的にも精神的にも、斉藤はラクだったはずです。のびのびと闘えました。

肉体的にも全盛期で、無敵だったと言ってもいい。必ず金メダルを獲れると、私は確信していました。

でも、ソウルのときは違った。もう山下さんは引退しており、斉藤が背負う責任の重さ、精神的な負担はすごかったと思います。しかも、一九八五年にひじを痛め、一九八七年にはひざに大ケガを負い、体調が万全ではなかったのです。

しかし、どこかが悪ければ、そのぶん工夫をする。相手をよく観察しながら、寝技を中心にした、ひざに無理がかからない慎重な柔道を斉藤は実践しました。

そうやって自分がやれる精一杯の闘い方で勝ち、柔道家としても、人間としても、幅が広がったのではないでしょうか。

現役を退《ひ》いたあと、彼は国士舘大学柔道部の監督や、柔道日本代表のコーチ、監督などを務め、指導者としても超一流でしたが、あの四年間の経験が役に立ったと思います。

「名選手、必ずしも名監督にあらず」とよく言われますが、私は「名選手は名監督であるべき」と考えています。オリンピックに出場したような選手は、そこまで到達した人間にしかわからないもの、私では到底わからないものをたくさん持っているはずです。

一方、名選手ほど、「自分のやってきたことが絶対」と考えがちです。「自分はここまでやったのに、みんなはどうしてできないんだ」と思ってしまいます。

その点、斉藤は幅が広い。苦しくつらい四年間を経験した結果、柔道にはいろいろな闘い方、勝ち方があることを、身をもって知ったのです。

そんな斉藤だから、日本の柔道界を改革してくれると期待していました。本人もその気だったはずです。

しかし、彼はがんに侵《おか》されてしまいました。

亡くなる半年くらい前に、「ちょっと具合が悪いんです」と斉藤が言ってきました。それ以降、私は彼の病気のことをいつも気にかけていましたが、見舞いには行きませんでした。

私が行くと、「やっぱり相当悪いんだ」と本人が思うかもしれない。彼の弱った姿を見たくはないし、本人も見せたくないだろうとも考えたのです。

二〇一五年の年明けすぐに、斉藤の後輩が「いよいよ悪いみたいです」と知らせてくれて、入院先の大阪の病院に駆けつけると、もう意識が朦朧としていました。

「おまえがいなくなったら、国士舘の柔道は、日本の柔道はどうなるんだ。おまえがいなければダメなんだ。だから、がんばれ！」

何度もそう言いましたが、反応はなかった。

「ああ、もっと早く来て、いろいろ話をしておけばよかった……」

悔《く》やんでも、悔やみ切れません。

亡くなったという知らせが届いたのは、それから数日後のことです。

同じ時代を生きた仲間だ

斉藤が高校を卒業するとき、私は柔道部員たちにある言葉を贈りました。斉藤はそれを座右《ざゆう》の銘《めい》にしてくれていたようです。

剛毅朴訥《ごうきぼくとつ》という言葉です。

剛毅とは、何事にも屈しない強い精神力。朴訥とは、天狗になることなく、飾り気のない、ありのままの姿でいること。このふたつがあってこそ、ほんとうに強い人間と言えます。

柔の道とは、そういう人間になるための歩みのことで、斉藤はまさしくそのとおりに生きたと思います。

私が指導したから、彼が強くなったわけではありません。鍛え上げはしましたが、「俺が強くした」とは私には言えません。

斉藤は私の教え子です。しかしそれ以上に、同じ時代をともに生きた仲間だと思っています。私は斉藤をはじめとする柔道部員たちと一緒になって、ひとつの目標、日本一になるという目標の達成を目指しました。

彼らと寮で生活をしながら、その目標に向かっていた時間は、私の青春であり、彼らの青春です。

いま私は、国士舘中学・高校柔道部の総監督という立場にあります。私がしなければならないのは、斉藤という先輩が歩んだ道、目指したものを若い人たちに伝えることです。

そして彼に続く者、彼を超えようとする者を生み、育てることでしょう。

そう思いながら、私は日々若い人たちとすごしています。

精力善用、自他共栄

——上村春樹

うえむら・はるき

講道館長

一九五一年、熊本県生まれ。明治大学四年時に、全日本学生選手権と世界学生選手権で優勝。大学を卒業した一九七三年、旭化成の柔道部（宮崎県）に入り、その年の全日本選手権を初制覇した。一九七五年の世界選手権と一九七六年のモントリオール五輪では、無差別級で金メダルを獲得。一九八〇年に現役を退き、明治大学柔道部の監督に。一九八八年のソウル五輪、一九九二年のバルセロナ五輪では柔道日本代表の監督を務める。二〇〇九年、第五代講道館長に就任

パワーに頼るだけでは勝てない

すさまじいイビキだな……。

一九八〇年の二月、ハワイで行われた環太平洋柔道選手権に出場したとき、私は現地のホテルで斉藤と相部屋になりました。

もともとは別の部屋に泊まることになっていたのですが、「斉藤と一緒だと、イビキがうるさくて眠れない。試合に影響する」とほかの選手がみんな逃げてしまった。それで仕方なく私が引き受けました。

たしかに、彼のイビキは尋常《じんじょう》ではなかった。でも、相部屋になったことがきっかけになり、私たちはよく話をするようになったのです。

この大会で、私は現役の柔道選手としてのピリオドを打ちました。

思い出深いのは、一九七三年と一九七五年の全日本選手権で優勝したこと、そして一九七六年のモントリオール五輪で無差別級の金メダルを獲《と》ったことです。まさに選手生活に悔《く》いなしという気持ちでした。

当時、私は旭化成の社員で二十九歳。柔道部のある宮崎県延岡《のべおか》市に配属され、仕事と練習に励《はげ》んでいました。

一方の斉藤は国士舘大学の一年生で十九歳。ハワイの大会は、彼にとってはじめての国際試合だったと記憶しています。

翌年、私は母校である明治大学の柔道部を指導することになり、延岡から上京しました。

あわせて柔道日本代表の重量級担当コーチにも就《つ》き、それで日本代表選手の斉藤と一緒に合宿や遠征に行くようになり、また、彼が明大の道場によくやって来て稽古をするようになったのでした。

私はほぼマン・ツー・マンで斉藤を指導して、稽古で組み合ったことも何度もあります。

彼は身体がやわらかく、パワーもあったけれど、そのころの彼の柔道は豪快かつ大雑把《おおざっぱ》で、技術的にはまだまだ。得意とする技の数も少なかった。そのため、高校時代はインターハイで負けることもあったし、無敵というわけではなかったのです。

しかも、国際大会に出て外国人と闘うようになれば、パワーに頼るだけでは勝てません。それで体落《たいお》としや大内刈《おおうちが》りなど、自分より大きい相手を投げられる技を、できるだけ多く身につけさせることにしました。

私自身、同じような経験をしていました。

高校時代の私は、身長は一七四センチでしたが、体重が九〇キロくらいあり、出身地の熊本では内股をかけていれば、そこそこ闘うことができました。

しかし、明大に入って東京に出てきたら、まわりは化《ば》け物かと思うくらい大きな選手ばかり。明大柔道部の監督から、こう命じられました。

「世界を目指すなら、担《かつ》ぎ技をやりなさい」

それまで得意としていた内股などの技を封印し、私は体落としや大内刈りを得意技にするべく、稽古に励みました。そういうことを思い出し、外国人選手とくらべると身長差のある斉藤にも、同じアドバイスをしたわけです。

体落としを身につける練習をするとき、私はチョークを使って、畳に足の動きを描きます。畳にマルを描きながら、まずここに足を入れ、次にこっちに足を送り込んで……というふうにして、正確に技の手順を覚えさせるのです。

明大に稽古に来ていた斉藤にもそのように指示をして、「一ヵ月くらいすれば、ス

1980年２月、環太平洋柔道選手権が行われたハワイで。
この大会では、上村（右端）は95キロ超級で優勝、
斉藤（中央）は無差別級で３位だった

ピーディーに技に入れるようになるから、そのときまた来なさい」と言って帰しました。

そうしたら一週間ほどして、「先生、今日行きます」と電話がかかってきた。私の経験では、体落としの手順を一週間でマスターできた選手は、それまでいませんでした。繰り返し、繰り返し、しかも正確に、かなりの数の練習をしなければ、身につけることができないからです。

そもそも斉藤のような突出した運動能力を持つ選手は、得《え》てして技の手順をひとつひとつ覚えるような地味な練習が得意ではありません。しかしながら、斉藤はそれをほんの一週間でマスターしてしまった。斉藤には、非常に器用で、粘り強い面があったのです。

ミリ単位で、技を突き詰める

同時に、斉藤は研究熱心でもありました。

体落としに限らず、私は技を教えるとき、足の位置のほかに重心の移動などもかなり細かく指導します。

私は運動能力がそれほど高くなかったので、それをカバーするため、足の運び方や重心移動はどうすればいいのかをいつも考えていました。だから教えるときも、うるさいほど細かく指導しました。

斉藤は身体の動きを、ミリ単位で突き詰めるようになりました。

のちに斉藤の奥さんの三恵子《みえこ》さんに聞いたのですが、彼は息子たちに柔道を教えるときも、ミリ単位の細かさだったそうです。

私がこの十年ほど館長を務めている講道館に、斉藤の次男の立《たつる》くんが稽古に来たことがあります。

私が指導をすると、立くんはその日、三恵子さんに「今日、上村先生に教えてもらったけど、お父さんと同じ教え方だったよ」と電話したらしい。

「何言ってるの、上村先生がお父さんに教えたのよ」

と三恵子さんは笑ったそうですが、それくらい足の位置や運び方の正確さが大事なのだと斉藤も認識していたわけです。

もちろん、手の使い方も、こだわりを持って研究し、工夫を重ねていました。

身体をいかに、より上手に動かすか――。

大学生になってからの斉藤は、それを緻密《ちみつ》に考え、練習もケタ違いの量をこなすようになり、だからこそ無敵の選手になったのです。

私は日本代表の重量級担当コーチとして山下泰裕《やましたやすひろ》くんと斉藤を指導していたのでわかるのですが、一九八四年のロサンゼルス五輪のころは、ふたりともどんな相手でも勝てるほど強かった。

ロスで山下くんは無差別級、斉藤は九五キロ超級に出場し、有力な外国の選手の多くは無差別級を避《さ》けて、九五キロ超級にエントリーしてきました。

「山下には九十九パーセント勝てないが、斉藤なら、勝てる確率が少しだが高くなる」

そう考えたわけです。

それでも斉藤は、強敵たちを相手に準決勝までオール一本勝ち、決勝は判定ではありましたが、圧倒的な強さで見事優勝を果たしました。

それほど当時の彼は強かった。

しかしロスでは、山下くんが脚の故障を抱えながらも金メダルを獲るというドラマが生まれたため、斉藤の快挙はそれほど注目されなかったのです。

グランドスラムを達成

オリンピックと世界選手権、そして全日本選手権。日本柔道界では、この三つのタイトルを獲得することを「グランドスラム」と呼びます。

ロス五輪を終えた時点で、グランドスラムを達成していた選手は四人。猪熊功《いのくまいさお》さん（一九六五年に達成）、岡野功《おかのいさお》さん（一九六七年に達成）、私（一九七六年に達成）、そして山下くん（一九八四年に達成）です。

斉藤はオリンピックと世界選手権で優勝したことはあったものの、全日本選手権では常に山下くんが立ちはだかりました。

斉藤はよく言っていました。

「エベレストには登ったけど、富士山にはまだ登っていない」

一九八五年の世界選手権で韓国の選手と闘い、ケガを負って以降、斉藤は故障に泣かされましたが、すさまじい執念でそれを克服し、一九八八年四月、全日本選手権で初優勝。五人目のグランドスラム達成者になったのでした。

当時、日本代表の監督だった私は、その年九月からのソウル五輪の重量級代表に彼を選びました。

そもそもオリンピックというのは、四年に一度の特別な舞台です。しかも、競技によっては、ほんの数秒で終わってしまうものもある。その一瞬にすべてを出し切って勝つのは、想像以上にたいへんなことです。

試合のときにピークを持っていけるかと不安になり、いらぬことを考え、自分を迷路に追い込んでしまう者も少なくありません。

そうならないためには、強い精神力が必要です。

斉藤は一九八五年以降、ケガ続きだったのですが、その都度《つど》克服することで、ひと回りもふた回りも成長していると私は感じていました。だから、彼を代表に選んだのです。

ソウル五輪の試合会場は異様な雰囲気でしたが、斉藤は呑《の》まれることはありませんでした。

彼が出場した柔道の最終日まで、柔道日本代表は金メダルがゼロでした。

そういう追い込まれた状況で、斉藤は日本から来た応援団の大声援に対して、「しーっ」という仕草をしました。

彼はきわめて冷静に、

「監督の指示や審判の声が聞こえないから静かにしてくれ」

と訴えたわけです。あの雰囲気のなかで、ふつうはそんなことはできません。

私が斉藤に言ったのは、ひとつだけ。

「下がるな、前に出ろ」

そうすれば、必ず勝てると私は信じていました。そして、彼は見事に期待に応《こた》え、金メダルを獲ってくれた。

でも、実は私は、その決勝戦のことをほとんど覚えていません。たいていの試合はその内容を正確に覚えているのですが、あの試合だけは記憶がないのです。私はよほど緊張していたのでしょう。

それだけに、斉藤が金メダルを獲ったときは安堵《あんど》し、感謝の気持ちがわいてきました。

彼も表彰台で男泣きしていました。「日本柔道を守ることができた」という思いが、彼に涙を流させたのだと思います。

逆転の発想

ケガに泣き、どん底の状態から復活して金メダルを獲ったという経験は、斉藤が指導者になってから活《い》きました。

調子や状態が悪いときにどうやって勝つか、つまり、悪いときには悪いなりの闘い方で勝つ方法を、彼は学んだのです。

いいときは、誰でも勝てます。しかし人間、いいときばかりではありません。ケガをしているときもある。山下くんもそういう闘い方を知っていたからこそ、脚にケガを負いながらロサンゼルス五輪で勝てたのでしょう。

斉藤が柔道日本代表の監督になったのは、二〇〇〇年の十一月です。

翌年七月に行われた世界選手権で、日本代表は井上康生《いのうえこうせい》選手の金メダルひとつだけという結果に終わりました。

責任を感じた斉藤は、強化委員長だった私に「やめさせてください」と言ってきましたが、「何を言っとるんだ！」と私は一喝《いっかつ》しました。

実は私も、ソウル五輪で金メダルが斉藤のひとつだけという結果になったとき、監督辞任を申し出ています。すると、当時の強化委員長に、こう言われました。

「チームをボロボロにしてやめるつもりか。立て直したらやめていい」

だから斉藤にも、こう言って諭《さと》したのです。

「おまえの使命は、オリンピックで金メダルを獲ることだ。四年のスパンで考えろ。悔《くや》しかったら、次のアテネで、ひとつでも多く金メダルを獲ってみろ」

果たして斉藤監督のもと、日本柔道はアテネで三つの金メダルを獲得したのでした。

そもそも柔道は、嘉納治五郎《かのうじごろう》師範によって一八八二年に創始され、現在では二〇五の国と地域が国際柔道連盟に加盟するなど、世界の文化として普及、発展していま す。そのように世界に広まっている競技で、発祥国がいまだに王座を保《たも》っているものがいくつあるでしょうか。

まして日本人は、外国人とくらべて筋力は弱いし、手足も短い。

「そのハンデを、どうすれば柔道で打ち消すことができるか」

私はそれを懸命に考えました。

ヒントになったのは、航空工学者で、「日本の宇宙開発の父」と呼ばれる糸川英夫《いとかわひでお》先生の『逆転の発想』という本（一九七四年刊）です。

この本を読み、「小さいことが私の武器になる」と気づかされたとき、自分の世界が開けたような気がしました。

だから、斉藤にもよく言ったものです。

「発想の転換をしなさい。こちらから見ているだけでなく、相手側から見てみるのだ。大きいことがほんとうに有利なのか、小さいことは武器にならないのか。それを徹底的に考えることだ」

スピードがある選手ならそれを武器にすればいいし、身体がやわらかいならそれを活かせばいい。自分の長所をさらに強化し、足りない部分を補《おぎな》い、技につなげていく。それが柔道というものです。

全盛期の斉藤は大きな身体を武器にしていましたが、ソウル五輪のころは、右脚が左脚より一〇センチも細くなっていました。

斉藤のような左組手《ひだりくみて》の選手は、たいてい軸足になる右脚が太くなります。当時の斉藤はケガを負った軸足が使えず、それで細くなっていたわけです。

しかし、「だから何だ？」と私は問いかけました。

「右脚がダメなら、左脚をうまく使えばいいだろう」

斉藤は親からもらったすばらしい身体を武器にしたこともあるし、ガタガタの身体で闘った経験もあります。その違いを理解していたからこそ、選手を適切に指導できたといえるでしょう。

感情に流されない自分をつくる

病気のことは、本人から聞きました。

「先生、まいりました。胆管《たんかん》に腫瘍《しゅよう》ができてしまって……」

私はびっくりしましたが、彼はあっけらかんとしているように見えました。

私に心配をかけたくなかったのでしょう。

彼は気配りができる男だったし、青森生まれならではの「じょっぱり」、つまり、がんこに意地をはって、腫瘍なんてどうってことないと見せたいところもあったのかもしれません。

その後、会って話をしたときも、病気のことには触れずに柔道の話ばかりでした。

そうすることで、一瞬でも病気の不安を忘れることができたのだと思います。

お見舞いには行きませんでした。

「上村先生がいらっしゃると、『いよいよ危ないんだ』と本人が思い、あきらめてしまうかもしれない」

三恵子さんにそう言われ、「私が行かなきゃならないときは電話をください」とお願いしました。

その電話が来たのは、亡くなる数日前のことです。

私が病院に駆けつけると、「大丈夫です」という言葉しか斉藤は口にしませんでした。日ごろから、彼は身体に気を遣《つか》い、野菜もたくさん食べていました。私が無頓着《むとんちゃく》なタイプだから、「先生、ダメですよ」とよく忠告されたものです。

言うまでもなく斉藤は、山下くんとともに日本柔道界を背負っていくべき人間でした。とくに斉藤には、柔《やわら》の道というものを正しく世界に広めていくことを期待していました。

では、柔の道とは何か──。

嘉納治五郎師範はよく、「世のなかのためになる人間になりなさい」とおっしゃっていたと聞きます。柔道修業とは、そのためのものだということです。

柔道の根本原理を表す嘉納師範の言葉に「精力善用《せいりょくぜんよう》」と「自他共栄《じたきょうえい》」があります。

精力善用は「心身の力を、善《よ》いことに、もっとも有効に使いなさい」という教えです。

自他共栄は「己《おのれ》の栄《えい》のみを目的とせず、他とともに栄えるようにせよ」という意味です。

柔の道とは、そういう考えを身につけ、実践できるようにするためのものだと思うのです。

斉藤とも、よくそういう話をしました。彼も相手を気遣い、敬《うやま》う気持ちが大切だと、いつも教え子に説《と》いていたと記憶しています。

実際に斉藤は、ある国際大会で、日本の選手が豪快に投げて勝ったあと、そのまま寝転んで起きなかったとき、猛然と叱りました。

「何をやっているんだ、立て！」

外国人の大会役員から「なぜ怒っているんだ。見事な一本じゃないか」と言われると、「一本勝ちしたからといって、寝転んでいたら、相手に失礼です」と斉藤は答えたのでした。

試合が終わったあとは、泣こうがバンザイしようがかまいませんが、礼をするまで試合は続いています。そこまで感情を抑《おさ》えられないのは、あまりに幼いと言わざるをえません。

畳に上がり、恐怖にとらわれることがあります。しかし、そのとき自分で気持ちを立て直すことができなければ、闘うことはできません。

柔の道とは、感情に流されない自分をつくることでもあると思います。

そういった柔道の真髄《しんずい》を、斉藤に広めてほしかった。

彼が直接語ることはもうできませんが、斉藤の歩んだ道を私たちがこうして話せば、柔道とは何なのかを人々に伝えることができるのだろうと思っています。

そういう意味では、斉藤はいまも私たちのそばにいて、語りかけてきているのかもしれません。

それでも彼のあの大イビキは、もう聞くことはできない。

ちょっと残念な気がします。

あなたの言葉の意味が、
最近わかるようになってきました

——鈴木桂治

すずき・けいじ

国士舘大学柔道部監督

一九八〇年、茨城県生まれ。国士舘高校時代は、三年時にインターハイの一〇〇キロ級と団体で優勝。国士舘大学進学後も活躍を続けたが、二学年先輩の東海大学・井上康生《いのうえこうせい》選手に阻《はば》まれ、全日本選手権で初優勝したのは二〇〇四年になってからだった。同年、アテネ五輪で金メダル。翌二〇〇五年の全日本選手権、世界選手権でも優勝を果たした。二〇一二年に国士舘大学柔道部監督に就任、全日本柔道連盟の強化コーチにも就いた

次元の違う怖さ

鬼の斉藤——斉藤先生を言いあらわすとするなら、私にはこの言葉しか思い浮かびません。

一九八〇年生まれの私は、小さいころから斉藤先生の名前は耳にしていましたが、実際に顔を見たのは小学生のとき。柔道の大会で講道館（東京・文京区春日）に行き、「あの人が斉藤さんだよ」と言われて見たのがはじめてでした。

私が国士舘中学に入学したあと、乱取り《らんど》（自由に技をかけあう稽古方法）をしてもらったことがありますが、会話をした記憶はありません。当時、斉藤先生は国士舘大学柔道部の監督です。

国士舘高校に私が進むと、大学の柔道部員がたまに高校の道場に来て、稽古をつけてくれることがありました。

斉藤先生も一緒です。その姿を見るたびに思いました。

「大学に行きたくないな……」

何と言うか、次元の違う怖さなのです。

学生に対する指導の厳しさは際立《きわだ》っていました。だから「大学生になりたくない」と考えてばかりいたわけです。

大学に入り、実際に指導を受けるようになると、その柔道のレベルの高さに驚かされました。

世界で闘える選手にするために、自分の型《かた》と技術を徹底的に叩き込む。そういう教え方で、大学生が覚えられるレベルではなかったと思います。

ついていくのに必死でした。とにかく、ひとつのことができるまで、とことんやらされるのです。

たとえば背負い投げは、みなさんが思い浮かべるような投げ方だけではありません。少しずつ変化させていくと、キリがないくらい種類があります。それをすべてやらされる。ひとつできると「じゃあ、次はこれをやってみろ。その次はこれ」と課題をどんどん与えられ、少しでも間違えると「そんなんじゃねえ！」と怒鳴られました。

同じことを、それこそ何万回とやらされることもあります。身体の動きを頭で理解するのではなく、身体で覚えるためです。

稽古というより、修行という感じでした。千日回峰行《せんにちかいほうぎょう》の様子をテレビで見たりすると、その修行者の気持ちがわかる気がしますから。

さらに、ここまでやればOKというのではなく、斉藤先生が「終わり」と言うまでやり続けなければいけない。それも非常にきつかった。

夕方四時半に大学の柔道場で練習がはじまり、与えられた課題ができなければ夜九時までみっちりやらされます。

そのあと寮に帰るのですが、夜十時の点呼のときに柔道部の主務（マネージャー）から呼び出しがかかります。

「桂治、柔道着を持って来て」

寮一階の稽古場に行くと、斉藤先生が柔道着姿で待っていて、夜中の三時近くまで練習させられることもありました。

「近くまで」と言うのは、三時を過ぎると翌日の朝練《あされん》が免除になる決まりがあったからです。それで二時五十五分になると、斉藤先生はこう言うのでした。

「よし、今日はここまで。続きはまた明日」

ほんとうに鬼以外の何ものでもなかった。

斉藤先生に会った人はよく、「気配りができて」とか「やさしいですね」と言いますが、そんな先生を私は見たことがない。

柔道部員が見ていたのは——私たちは「歌舞《かぶ》いている」と呼んだものですが——怒りのあまり、歌舞伎の隈取《くまどり》をしたような顔になった斉藤先生ばかりだったのです。

己を知って、敵を知る

なぜ斉藤先生はそんなに怒っていたのか——国士舘大学柔道部をもっと強くしたかったからに違いありません。

斉藤先生が監督になったのは一九八九年。最初の全日本学生柔道優勝大会は、初戦で負けたそうです。当時、私は九歳です。

そこから猛練習で鍛え上げ、十年後の一九九九年、私が一年生のときに、ようやく初の日本一になりました。「もっともっと国士舘を強くしたい」という情熱に満ちあふれていたわけです。

私も二〇一二年から国士舘大学柔道部の監督を務《つと》めているので痛感しているのです

が、強い選手が集まっている柔道部は、彼ら強い部員を誉《ほ》め、ちょっとしたアドバイスをするだけで、さらに伸びる可能性が高い。

しかし、そうではない柔道部を強くするには、徹底的に鍛え上げなければならない。国士舘もそうです。斉藤先生は鍛える必要性を痛感して、部員たちに非常に厳しく接したのでしょう。

ただ、厳しいだけではありませんでした。

「強くなることと、勝つことは別だ」

斉藤先生はよくそう言いました。

まず、技術、体力、精神、すべてを強化しなければいけない。

勝つためには絶対に必要なのですが、しかしこの三つを兼ねそなえていても、試合で勝てない選手がいる。練習ではものすごく強いのに、試合になると負けてしまう選手がいるわけです。

では、試合で勝つためには何が必要か。

己《おのれ》を知って、敵を知ることです。つまり、「研究」がとても大事になります。

「強くなるためには稽古。勝つためには研究」

私も柔道部員たちに常々言っているのですが、これは斉藤先生に教わったことです。斉藤先生は「走れ」とか、「ウェイトをやれ」とは命じません。口にするのは、ひたすら技術的なことです。

私の場合、外国人選手対策をとことん研究させられました。

ただし、画像や動画を見て研究するわけではありません。どうすればいいのかは斉藤先生の頭のなかにしかなく、先生に言われたとおりのことを私が正確にやりながら、対策を研究していくのです。

しかし、これがなかなか難しい。

たとえば、「あと、ひざをこれだけ曲げてみて」と斉藤先生に言われたとします。でも、「これだけ」が「どれだけ」なのか、具体的に言ってはくれないので、こちらもなかなかわからない。自分なりの感覚で曲げてみるのですが、ドンピシャリということはない。少なくとも五、六回やって、ようやく斉藤先生から「おお、そこ」という言葉をかけられるのです。

たしかに斉藤先生の指示どおりに身体を使うと、投げやすくなったり、相手が軽く感じられたりします。結果もともないます。

だからなおさら、先生の言っていることのレベルが、いかに高いかがわかるわけです。

だからといって、斉藤先生に部員全員がついていったわけではなく、逃げ出す選手もいました。先生は部員によくこう訊《き》いてきました。

「俺の指導は必要か？」

もちろん、私も例外ではなかった。

「もう、ついていけません」

そう口に出しそうになったのは、一度だけではありません。

それでも続けたのはなぜか。

強くなりたい、試合で勝ちたいと思っていたからですが、それと同じくらい、斉藤先生に負けたくないという気持ちが強かった。

「ついてこれないなら、やめてもいいぞ」と、斉藤先生から何度も言われました。

「それならやめてやるよ！」と思うのですが、その一方で「うるさい、黙ってろ！」という気持ちも湧《わ》いてくる。そんな葛藤がずっとありました。

でも最後はやはり、こういう気持ちが勝《まさ》ったのだと思います。

「斉藤先生を黙らせてやりたい、負けたくない！」

先生もあえて煽《あお》って、私をふるい立たせていたのかもしれません。

ライバルが人を成長させる

大学時代は、斉藤先生との間にコミュニケーションと呼べるようなものはありませんでした。

会話と呼べるものはまったくなく、先生が言ったことに対して、私は「はい」「はい」と答えていただけ。

柔道日本代表の合宿に行くと、国士舘大の選手は「ほんとうにかわいそうだ」と同情されたものです。

みんなの前で、ケチョンケチョンに斉藤先生に怒られていましたから。

先生と一緒に食事に行ったことはありますが、何を食べてもおいしいと感じられないほど緊張して、私が大学を卒業したあとも、慣れるまでかなり時間がかかりました。

ものすごく食べさせられた記憶もあります。和食屋さんに三、四人で行ったときは、おでんを大きな鍋ごと出されて、斉藤先生が少し食べてから、「あとは、おまえらが食べろ」と。店の人が「今日、いいキャベツが入りましたよ」と言ったら、何個も千切りにしてもらって「おまえら、残すなよ」。食事も練習の延長みたいだったから、あまり一緒に行きたくなかった。

先生はそういうときも、柔道の話しかしませんでした。

そのなかで強く感じたのは、山下泰裕《やましたやすひろ》先生に対する強烈なライバル心です。山下先生が監督を務める東海大学柔道部の井上康生《いのうえこうせい》さんと、私が闘うようになったころ、よくこう言われました。

「俺は山下さんに一度も勝てなかったから、おまえは勝たなきゃいかん」

最終的に、井上さんと私の対戦成績は三勝三敗一分け。数字的に五分《ごぶ》にわたり合えたので、「おまえがうらやましいよ」と斉藤先生に言われたこともあります。

私自身、井上さんに強いライバル心を抱《いだ》いていました。

山下先生を倒したいという気持ちが斉藤先生を強くしたのと同じように、井上さんがいたことで私も成長したと思います。

どうしても倒したいライバルがいれば、何をすればいいか、どうやって闘えば勝てるか、頭をふり絞って考えます。

だから井上さんがいたことは、とてもありがたかった。きっと、斉藤先生にとって山下先生との関係も、そのようなものだったのだと思います。

ついてきてよかった

斉藤先生に怒られながらも、「負けたくない」という気持ちでやってきてよかったと思えたのは、二〇〇四年のアテネ五輪で金メダルを獲《と》ったときです。

その前年の春、私は全日本選抜体重別選手権の一〇〇キロ級で、井上さんをくだして初優勝しました。にもかかわらず、その年秋の世界選手権一〇〇キロ級の出場権を手にしたのは、井上さんでした。

私が選ばれなかった理由は「日本代表の経験がまだないから」。納得のいかない私は、メディアの取材で不満を口にしました。

すると当時、日本代表の監督だった斉藤先生から電話がかかってきました。

「文句があるなら、来年の全日本選手権で勝て！」

その年（二〇〇三年）春の全日本選手権で、私は井上さんに負けていましたが、翌二〇〇四年は井上さんを倒して初優勝。八月に行われるアテネ五輪の一〇〇キロ超級代表に選ばれ、金メダルを獲得できました（ちなみに井上選手は一〇〇キロ級に出場し、準々決勝で敗れた）。

ほんとうにうれしかった。

斉藤先生も「よくやった！」と喜んでくれました。

先生はふだん、私が勝っても何も言いません。それだけに、よりいっそうその言葉が沁《し》みました。

「斉藤先生についてきてよかった」

はじめてそう思ったのでした。

二〇一二年に現役から退《ひ》いた私は、国士舘大学体育学部の講師専任になり、その年の七月から柔道部の監督を務めています。

就任当初、私は「柔道部全体を強くしよう」と考えていました。斉藤先生とは正反対のやり方です。

先生は部員のうち、トップレベルの選手を集中的に鍛え、その力を引き上げれば全

2005年９月、カイロ（エジプト）で行われた世界選手権。
鈴木（右）は100キロ級に出場して優勝し、
日本代表の監督を務めていた斉藤（左）と感涙にむせぶ

体のレベルも上がるという考えで指導していました。

けれども私は、そういうやり方だと、ついてこない選手も出てくるのではないかと危惧《きぐ》しました。

最近の学生の気質は、私の大学時代とは違います。「俺のことを見てくれていないんじゃないか」と感じる部員もいるだろうと考えたのです。

ただ、私が監督になってもう八年目になります。いまはこう感じるようになっているのも事実です。

「柔道部を強化するなら、全員を強くしようと考えてはダメだ」

部員の数は一〇〇名にもなるので、全員を相手にしていてはうまくいかない。「こいつだ」と思う選手を伸ばしていくことを優先しようと考えるようになっています。

それまでの私は、レベルの高くない部員も一生懸命指導して強くしようとしました。しかし、トップ選手のレベルは、少ししか上がらなかった。残念ながら、そういう現実に直面したのでした。

トップ選手を中心に指導するには、私の下にきちんとしたコーチがいなければなりません。斉藤先生の時代も山内直人《やまうちなおと》先生というコーチがいて、斉藤先生が直接見ることができない部員たちを指導していました。
だから成り立っていたのだと思います。

人を使うのもうまかった

斉藤先生の病気を知ったのは、亡くなる一年前。二〇一四年の一月のことです。先生が東大病院に入院したときに呼ばれ、こう言われました。

「現場をちょっと離れて、治療するから」

そのときは胆管《たんかん》がんであることはまだ判明しておらず、私もそれほど深刻に受けとめませんでした。

先生はそれからどんどん痩《や》せていき、心配になりましたが、国士舘大の道場や合宿にはそれまでと変わらず来ていました。

食欲もすごくあった。

だから、絶対に亡くなるようなことはないと信じていました。

現実を意識せざるをえなくなったのは二〇一四年の暮れ、東京の入院先から大阪に転院したときです。その後、私は何度か大阪にお見舞いに行きました。

最後に会ったのは、亡くなる一週間ほど前だったと思います。

そのころは意識がはっきりしないことが多かったようですが、私が病室に入ると斉藤先生は起きてきました。それで先生が車いすに乗り、病院の中庭に出て一緒に写真を撮りました。

それが最後になりました。

いまあらためて思うのは、斉藤先生の柔道に対する熱意のすさまじさです。夜中まで指導をするなんて、なかなか真似のできることではありません。「指導というのは、体力がいるからな」と、先生はよく言っていました。

もうひとつ感じるのは、人を使うのがとても上手だったということ。いい意味で人を操《あやつ》り、うまく人を利用していました。

いまも、「斉藤先生にお世話になったから協力するよ」と私に言ってくださる方が何人もいます。

やりたいことが、斉藤先生にはまだたくさんあったと思います。

二〇一二年に柔道日本代表の強化委員長になってからは、選手の育成によりいっそう力を入れていました。

いま、国士舘大の柔道部に、斉藤先生の長男・一郎《いちろう》と、次男・立《たつる》がいます。一郎は四年生、立は一年生です。

二人とも、斉藤先生が亡くなってから、人間的に成長したと思います。

とくに立は、強くなりたいという意志をしっかり持つようになりました。

それまでは父親から直接、あの厳しさで指導されたからでしょうか、嫌々《いやいや》やっているところがあったかもしれない。でも、いまは「お父ちゃんのためにも強くなる」と本人が言うようになりました。

強くならなければならないのは、彼らの宿命なのだと思います。

私は一郎にこう言ったことがあります。

「斉藤仁の息子という肩書《かたがき》は、決してなくならない。それはおまえの運命なんだ。それを背負って生きなさい」

斉藤先生が亡くなって、もう五年が経ちました。

いまも私が思い浮かべるのは、先生の鬼のような形相《ぎょうそう》です。

でも、先生がやってきたことの意味や、考えていたことが、私にもわかるようになってきました。

それが、とてもうれしく思えます。

私は国士舘大学柔道部をもっともっと強くして、この大学全体のレベルアップもはかっていきたい。

それが私の使命だと思うし、そのなかで斉藤先生の教えを活《い》かしていきたい。そんなことをよく考えています。

新しい柔道をつくっていく

——井上康生

いのうえ・こうせい

柔道日本代表監督

一九七八年、宮崎県生まれ。東海大学付属相模高校から東海大学に進み、一九九九年に世界選手権で初優勝を果たす。二〇〇〇年、シドニー五輪の一〇〇キロ級で金メダルを獲得。二〇〇一年から全日本選手権を三連覇した。二〇〇八年に現役選手を引退。海外留学などを経て、二〇一二年から柔道日本代表の監督に就き、二〇一六年のリオデジャネイロ五輪で好成績を残す。二〇一五年から東海大学体育学部准教授も務める

ふつうじゃない

いい意味での「異常さ」が、斉藤先生にはあったと思います。

斉藤先生と私の関わり合いは、それぞれが立場を変えながら続きました。

二〇〇一年から二〇〇八年までは柔道日本代表の監督と選手、二〇〇九年から二〇一二年までは日本代表の強化副委員長と特別コーチ、そのあとは日本代表の強化委員長と監督という形です。

しかし、どんな立場であっても、先生は柔道に対していっさい妥協することがありませんでした。稽古の方法や試合に勝つための準備など、すべてにおいて追求の仕方が尋常《じんじょう》ではなかった。

斉藤先生が日本代表の監督だったときの合宿は、練習が四部制で、早朝トレーニングからはじまり、午前と午後、さらに夜にも稽古がありました。非常にきつかったのを覚えています。

内容も独特です。組み手の練習では、夜の道場で電気をつけずに真っ暗闇のなかでやったり、軍手をつけて稽古したこともあります。

先生の発案で、自衛隊に体験入隊したことも強烈な思い出です。高さ八〇メートルほどのところに張った網《あみ》のうえで腕立て伏せをやり、ワイヤーをつけてではありますが、高さ一〇メートルの台から飛び降りました。

当時は「何の意味があるんだろう」と疑問を抱《いだ》きました。「ふつうじゃないな」と。ところが、私が指導する立場になってみると「なるほど」と思うようになり、いま私が監督を務《つと》める日本代表の練習に、自衛隊の体験入隊を採《と》り入れています。

斉藤先生の狙いは、真の強さを身につけることだったのだと思います。

柔道をはじめとする勝負の世界では、肉体や精神が非常に厳しい状況に追い込まれることがしばしばあります。そういう闘いになったときは、ほんとうの強さが必要です。

自衛隊のトレーニングは、極限の状況で底力を発揮できるようにするためのものなのです。

組み手の練習も、真っ暗闇では目が利《き》かないので、相手の動きを身体でとらえられるようになります。

軍手をつけると相手の柔道着が握りにくくなるので、つけたまま組み手の練習を重ねれば、おのずと握力が増し、握り方もうまくなります。

斉藤先生が考え出した練習法には、それぞれ意味があったわけです。

「日本代表という集団は、柔道家のトップ中のトップなのだから、練習は誰よりも量をこなし、誰よりも質を求めなければいけない」

斉藤先生はそう考え、実践していました。

あのひと言に救われた

二〇一二年に私が日本代表の監督に就《つ》く前、強化委員長の斉藤先生から「準備しておけ」と告げられました。

しばらく迷ったのですが、最終的に引き受けたのは、日本の柔道をもっと強くしたいという情熱が、責任の重さや不安を上まわったからです。

決断をする際、斉藤先生が強化委員長であることがとても心強く思えました。

わからないこと、うまくいかないことがあったら、指導をしていただきながらやっ

2014年４月、全日本選抜体重別選手権で。
井上（左）は柔道日本代表の監督に就いて２年目。
日本代表強化委員長の斉藤（右）と議論する

ていけばいい。それで覚悟を決めました。

斉藤先生に恩返しをしたいという気持ちもあったかもしれません。

二〇〇四年のアテネ五輪が終わったとき、日本代表の監督だった斉藤先生は監督を退《ひ》こうと考えたそうです。でも、続投することになりました。

その理由のひとつが、「アテネで金メダルを逃《のが》した井上に、次の北京五輪で獲《と》らせたいと思ったから」だったと、あとになって聞きました。

アテネでは、私が金を獲っていれば、日本代表の獲得メダル数は史上最多になっていました。私自身、シドニー五輪（二〇〇〇年）に続く一〇〇キロ級の二連覇がかかっていましたが、準々決勝で敗れてしまい、ほんとうに申し訳ないと思いました。

さらに北京五輪は、その年の全日本選手権で優勝できなかったため、日本代表にも選ばれなかった。

斉藤先生の期待に応《こた》えることができなかったのですが、二〇〇八年に私が引退するとき、先生にこう言っていただきました。

「おまえがいたからこそ、鈴木桂治《すずきけいじ》をはじめとする重量級の若手が育ってきた。長いあいだ、よくがんばったな。おつかれさま」

救われた気がしました。
その恩に報《むく》いたいという気持ちがあったわけです。

「柔道」と「ＪＵＤＯ」

私が日本代表の監督に就くにあたっては、直前に行われたロンドン五輪（二〇一二年）の成績を検証し、自分なりの強化プランをまとめて斉藤先生に提出しました。ロンドン五輪で柔道日本代表は、男子が史上初の金メダルゼロ、女子は金ひとつという結果に終わっています。

そこで私が掲《かか》げたのは、「目を世界に向けること」です。

もちろん、それまでの日本代表も世界を見てはいました。しかし、われわれは負けた。世界の柔道はいまどのように変わり、どのような闘い方をしているか。それをきちんと見すえたうえで、原点に戻ってやっていこう――私はそう考えたのです。

当時、海外の柔道、つまり「ＪＵＤＯ」は急速に変化していました。

ロンドン五輪ではロシアが金メダルを三つ獲ったのですが、ロシア人選手のＪＵＤ

Oのルーツは何かといえば、国技《こくぎ》であるサンボです。サンボの技術を採り入れたJUDOに、日本人選手は対応できなかった。

また、金をひとつ獲ったジョージアにはチタオバという格闘技が古くからあるし、モンゴルにはモンゴル相撲があります。

それぞれの国の独自の技術を組み込んだ多彩なJUDOが、世界各地で進化していたわけです。

柔道とJUDOは同じではありません。JUDOに勝つために、われわれには何が必要か。それを研究しなければならなかった。

まず、ロシアをはじめとする国々に出かけ、JUDOをできるだけ肌で感じとるようにしました。

練習やトレーニングでは、「あれをやれ、これをやれ」とこちらから指示をするのではなく、「こういう練習法があるよ、こんな情報もあるよ」と提示しながら、選手が自分に合った方法を探せるようにした。

そうやって選手が主体的に考えるようになれば、いろいろなJUDOに自《みずか》ら対応できるようになるだろう。そのための意識改革を促《うなが》したわけです。

やり方をだいぶ変え、新しいことも採り入れたので、それに対する反発があったと思います。

しかし、私が監督に就任する際、斉藤先生から、

「おまえの思うとおりにやれ。俺たちがサポートする」

と心強い言葉をいただき、その後もいたるところで先生は盾《たて》になってくださいました。

そして二〇一六年のリオデジャネイロ五輪で、柔道日本代表は男子が金二個を含め、七階級すべてでメダルを獲得。全階級でメダルを獲れたのは、一九六四年の東京五輪以来だそうです。

みんなで勝たせる

ただ私は、柔道が完全にＪＵＤＯになってはいけないと考えています。

柔道の魅力は何かといえば、やはり一本を取りにいく技にこそあると思います。

組んで、投げて、抑《おさ》え込む。

そうやって切れ味鋭く、あるいは豪快に、力強く、一本をきめる。そんな柔道を私は目指したいし、みなさんに見てもらいたい。

一方、積極的に技をかけにいけばリスクをともなうので、勝ちを優先するあまり、一本を狙わず判定に持ち込もうとする選手がいます。しかし、それでは柔道は発展しないでしょう。

もうひとつ、型《かた》の追求を怠《おこた》ってはいけないと私は思っています。

そもそもＪＵＤＯには、型に対するこだわりがありません。だからこそ変幻自在に動きまわり、日本人選手は翻弄《ほんろう》されてしまうのですが、美しい型をともなってこそ柔道は魅力的に映《うつ》るのではないでしょうか。

これまでの柔道を変革し、ＪＵＤＯとわたり合える「新たな柔道」を生み出す。目指すものは、斉藤先生も間違いなく同じだったと思います。

個人競技であると同時に、団体競技でもある――それもＪＵＤＯには希薄な、柔道ならではの考え方です。

柔道の大会は、軽量級からはじまってラストの重量級まで数日間続きます。選手はリレーのようにバトンを渡していき、励まし合い、支え合うことで最大限の力を発揮できるようになります。

斉藤監督のもとで闘った、アテネ五輪（二〇〇四年）のときのことです。

柔道最終日の一〇〇キロ超級に鈴木桂治選手が出場し、その直前の練習に日本代表の選手全員が参加しました。

私は前日の一〇〇キロ級に出て、すでに述べたとおり、準々決勝で敗退していた。悔《くや》しさや人前《ひとまえ》に出たくないという気持ちがあったけれど、日本代表の一員として何をすべきかと考えたら、最後に鈴木選手を勝たせる以外に何もないのは自明《じめい》のことです。私にかぎらず全員がそう考えて、直前の練習に集まってきました。

そして、鈴木選手は見事、金メダルを獲りました。

これも、斉藤先生独自の練習法が効果を発揮した一例でしょう。

先生は日本代表の練習に、チーム・ビルディングという方法を採り入れていました。全選手が参加して、高い壁を協力し合いながら登り、全員が登りきるまで続けるという練習法です。

このトレーニングをとおして、力を結集すれば一人ではできなかったことも達成可能であると、私たちは実感していました。

だから自然に、鈴木選手の直前練習に全選手が集まったのです。

私もいま、日本代表の練習でチーム・ビルディングを行っています。

いまも一緒に闘っている

斉藤先生の異常さとは、「柔道に対する尋常でないほど深い愛」と言いかえることができると思います。

私が日本代表の監督になって一年たったころ、斉藤先生の病気が判明しましたが、闘病中も先生は合宿に顔を出し、試合を見に来てくださった。

二〇一四年九月に韓国の仁川《インチョン》で行われたアジア競技大会のときは、だいぶ痩《や》せておられましたが、

「こんな状態だけど、俺は大丈夫だから」

と笑い、さらにこう言って私を励ましてくれました。

「日本の柔道界を頼むぞ！」

柔道に対する先生の深い愛をいつも感じながら、私はやってきた気がします。

先生が亡くなってから一年半後、二〇一六年八月のリオデジャネイロ五輪では、斉藤先生の遺影をたずさえて、毎日柔道会場に乗り込みました。

ほんとうに私たちのすぐそばに先生がいらっしゃるような気がして、苦しい闘いになったときは、遺影を見つめながら「頼みます」と何度か祈るように唱《とな》えました。

斉藤先生が一緒に闘ってくれている。

そういう気持ちになったのです。

だから先生、次の五輪も一緒に闘いましょう。頼みます。

やるべきことを、ひとつひとつ

斉藤先生の葬儀で、先生を乗せた霊柩車《れいきゅうしゃ》を見送るとき、突然、雹《ひょう》が降ってきたのを覚えています。

すると、先生の教え子の方がこう言いました。

「斉藤先生らしいな。まだ上で怒っている。最後の最後まで何か起こすよな」

私も「おまえ、何やってんだ！」と先生に怒鳴られ、頭をゲンコツでゴツンゴツンと叩かれているところを想像することがあります。

でも、たまには「おう、がんばっているな」と先生が笑っているところも私は見たい。

斉藤先生は怖いだけでなく、ユーモアもたっぷりある方でしたから。

そのためにはやはり、やるべきことをひとつひとつ、毎日積み重ねていくしかないのでしょう。

これも斉藤先生から学んだことのひとつです。

柔《やわら》の道とは、その歩みのことを言うのだと思います。

一歩一歩を積み重ねることでしか、人生を切り拓《ひら》くことはできません。

私の人生はまだ道半ばです。これからも歩み続けなければならないのですが、斉藤先生が一緒に歩んでくださっていると思うと、足どりが少し軽くなってくるのです。

第二章

サーカスの熊

あいつに恥ずかしくない生き方をしよう

——高田 敏

たかだ・さとし

株式会社ザオバ取締役会長

一九六〇年、千葉県生まれ。千葉県立八千代高校サッカー部でインターハイに出場し、準優勝。日本大学に進学してサッカー部に所属したが、ケガのため退部した。大学卒業後、フィットネストレーニングの普及・教育を手がける会社に就職し、斉藤仁と出会う。一九九七年に中古のトレーニングマシンの販売等を手がける会社・ザオバを起ち上げ、その後、オリジナル機器の開発・販売を行うようになる

朝まで呑んだ

私にとって斉藤仁くんはほんとうに大きな存在で、それはいまも変わりません。彼に対して恥ずかしくない人間になろう――そういう思いを頭の片隅《かたすみ》におきながら、日々を過ごしています。

斉藤くんが亡くなってしばらくは、彼のことを思い出さないようにしていました。胸がいっぱいになって、苦しくなるからです。

でも、いまは違います。彼と呑《の》み歩いていたときのように、一緒に時間を過ごせるようになっています。

そう、もともと斉藤くんと私は呑み友達でした。

私はトレーニングマシンの開発・販売を手がける会社を千葉市で経営し、いまは会長を務《つと》めていますが、斉藤くんと出会ったころは、別の会社でトレーニング機器の営業をしていました。

その会社は、スポーツ選手のリハビリなどをサポートする施設を東京の赤坂に持っていて、そこに斉藤くんが来ていたのです。

もう三十年以上も前、一九八七年の夏のことです。

斉藤くんは一九八四年のロサンゼルス五輪で金メダルを獲《と》ったあと、八五年にひじにケガを負い、八七年の春にひざを負傷してしまった。それで赤坂の施設に来て、リハビリのトレーニングをしていました。

彼を担当していたスタッフが、斉藤くんとの食事会に私を誘ってくれたのが、私たちの付き合いのはじまりです。

食事会が終わり、溜池《ためいけ》から六本木のほうに歩いているうちにたまたま斉藤くんとふたりきりになり、そのまま一緒に呑みに行きました。

私は子供のころからサッカーをやっていて、高校時代（千葉県立八千代《やちよ》高校）にはインターハイで二位になったことがあります。しかし大学一年（日本大学）のとき、脚のケガが悪化してサッカー部をやめてしまいました。

斉藤くんと私がすぐに仲よくなったのは、そうやって私もスポーツに打ち込んでいたことがあったからかもしれません。

いや、それ以上に、当時彼と私はともに二十六歳。同い年だったからこそ話が合い、意気投合したのだと思います。

斉藤仁という名前は、もちろん知っていました。ただ、会う前はダーティなイメージを抱《いだ》いていたと記憶しています。

山下泰裕《やましたやすひろ》さんと斉藤くんの試合のいくつかを、私はテレビや新聞で見たことがあり、山下さんがベビーフェイスだったのに対して、斉藤くんはいつも鬼のような形相《ぎょうそう》だった。「きっと嫌なやつなんだろうな」と、勝手に思い込んでいたわけです。

話してみると陽気な男で、抱いていたイメージとは正反対でした。

そのころの斉藤くんはケガのため、思うような柔道ができず、身体だけでなく精神的にもつらい時期だったと思います。そんななかで、ふたりで毎日のように呑むようになったのです。

彼が赤坂にトレーニングに来た日はもちろん、そうでない日も、夕方になると彼から誘いの電話がかかってくる。ふたりとも若かったから、呑んで朝を迎えることも珍しくなく、「もう帰ろう」と先に言ったほうが負け、みたいな感じでした。

斉藤くんにとって私と過ごす時間は、つらい気持ちを忘れることのできる数少ない機会だったのでしょう。私は柔道の詳しいことは知らないから、彼は気がラクだったのだと思います。

明るく愉快な酒

よく六本木に行きました。

斉藤くんが金メダリストだから、私たちはどこに行っても歓迎されて、たいていふたりで三〇〇〇円くらいで呑むことができました。でなければ、一介《いっかい》のサラリーマンである私が、毎日のように街で呑めるはずがありません。

もっとも斉藤くんは、「ロス五輪のときにあった貯金が全部なくなった！」と嘆《なげ》いていましたが……。

とにかく明るく、愉快な酒です。

斉藤くんは歌もうまくて、演歌でも何でもＯＫ。リズム感もよかった。おまけに、店内を逆立ちして歩いたりしていた。

それで私は、彼のことを「サーカスの熊」と呼んでいました。

食べる量も尋常《じんじょう》ではなかった。

焼き鳥を食べに行ったとき、斉藤くんは壁のメニューを指《さ》しながら、「右から左まで全部」という頼み方をして、しかもそれを三回繰り返したりした。信じられない量を食べていました。

そのころはふたりとも独身で、私は広尾の小さなアパート、斉藤くんは世田谷の松陰神社前《しょういんじんじゃまえ》にある古いアパートに住んでいました。松陰神社前は、国士舘大学世田谷キャンパスのすぐ近くです。

彼のアパートにはキッチンがついていて、私の部屋にはなかったから、斉藤くんは「おまえのところより高級だ」と自慢していました。

でも私から見れば、松陰神社前のアパートは「金メダルを獲っても、これくらいのところしか住めないのかよ」と呆《あき》れるくらいの部屋です。

だからでしょうか、彼はしょっちゅう私のところに泊まっていました。たまに私の友達も一緒だったけれど、斉藤くんと私のイビキがすごくて、朝起きると友達がいなくなっている、ということが何度もありました。

私は、有名人だからといって斉藤くんに気を遣《つか》ったりしないので、それが彼も心地よかったのかもしれません。次に行く店が決まらないとき、「何とかしろよ!」と平

ソウル五輪（1988年）のあと、
一緒にオーストラリアのパースに旅行をした。
ふたりとも20代後半だった

気で彼のケツを蹴っ飛ばしたりしていましたから。一緒にいた彼の後輩が、「斉藤先輩にそんなことする人はいませんよ」と驚いていたほどです。

もちろん、私も彼といると楽しかった。斉藤くんのまわりにはおもしろい人が多く、世界が広がっていくように感じました。

彼と一緒に食事をした私の友達もみな、斉藤くんのことを「いいやつだね、おもしろい男だね」と言ってくれて、それを聞いていると私もうれしくなったものです。

斉藤くんのまったく別の顔を間近に見たのは、一九八八年の全日本選手権のときです。

彼はケガのためしばらく試合に出場していなかったので、その年九月からのソウル五輪に出るためには、四月の全日本選手権で優勝するしかなかった。

まず、三月に東京都予選がありました。私は会場に応援に行き、そのときはじめて斉藤くんの試合をナマで見ました。

彼は手足が一緒に動いてしまうほど、ガチガチに緊張しているように見えました。当然のことなのですが、ふだんとはまったく別の顔です。

「たいへんなプレッシャーに耐えているんだな」

彼のおかれている立場を理解しました。

それだけに予選を無事突破し、本大会で優勝したときは、自分のことのようにうれしかった。感動して、一緒に応援していた人たちと抱き合って泣きました。

試合のあと、斉藤くんと食事にいったのですが、「悪いけど今日は……」と言って、彼は珍しく先に帰っていきました。身体も心も疲れ切っていたのでしょう。そんな姿を見たのははじめてだったので、よく覚えているのです。

とてつもない集中力

ソウルに応援に行ったのも、いい思い出です。

国士舘関係者の応援ツアーがあり、「一緒に来いよ」と斉藤くんに誘われました。私はサラリーマンだったから「無理だ」と答えたのですが、斉藤くんとの仲を私の会社の社長が知っていて、「行って来い」と許可してくれた。それで、国士舘の人たちに囲まれて飛行機に乗りました。

ところが宿泊先で食べた朝食にあたったのか、私は腹を壊すやら戻すやらで、たいへんな日に遭《あ》い、試合当日に会場に着いてもそれが治《おさ》まらなかった。

会場でトイレに行こうとしたら、偶然斉藤くんに出くわし、私の顔を見て彼はこう言いました。

「おまえ、なに真っ青な顔しているんだよ」

「国士舘の安いツアーで来たから、腹を壊しちゃったんだよ」

私は冗談で返したのですが、このときの彼はまったく緊張していないように見えました。

柔道の最終日に斉藤くんが出場するまで、日本の選手が負け続けていて、たいへんなプレッシャーを感じていたはずです。

でも、私が「大丈夫なのか?」と尋《たず》ねると、彼は「大丈夫だ」と力強く答えた。緊張どころか、リラックスしているとさえ感じました。

逆に「おまえがどうして緊張しているんだよ」と、からかわれたほどです。

私は一試合一試合、ドキドキしながら見ているだけでしたが、なかでも準決勝の、韓国の趙容徹《チョヨンチョル》選手との試合は力が入りました。

斉藤くんは一九八五年の世界選手権でこの選手と闘ったとき、ひじを負傷し、以来、ケガに泣かされ続けて、私が勤める会社にリハビリに来るようになったという因縁の相手です。

試合中の斉藤くんから、とてつもない集中力が伝わってきました。

私は彼のことをずっと「サーカスの熊」と思っていたのですが、「世界一になるのはこういう人間なんだ」と感じ入りました。

彼が金メダルを獲った瞬間、私の目から涙がボロボロと落ちました。まわりの人たちと泣きながら抱き合って喜んだのを思い出します。

「何か手伝えることはないか」

ソウル五輪が終わってから、次第に会う回数が減っていきました。

私は仕事が忙しくなり、それ以上に五輪で二連覇した斉藤くんは多忙をきわめるようになったからです。

街を歩けば人が群《むら》がり、得体の知れない人たちも寄ってきました。それが嫌だったのでしょう、彼は以前のように街で呑むことがなくなりました。

また、斉藤くんはソウル五輪の翌年（一九八九年）に現役を引退し、国士舘大学柔道部の監督になりました。指導者として、朝から晩まで選手たちを見るようになり、呑み歩く時間がなくなったのだと思います。

再びよく会うようになったのは、一九九七年からです。

その年、私は会社をやめて、トレーニングマシンを扱う会社を起《た》ち上げました。斉藤くんは柔道部の監督として、「何か手伝えることはないか」と声をかけてくれました。

彼は面倒見がよく、とても温かい人間です。

ソウル五輪が終わってひと月くらいたったころのことです。私は胃潰瘍《いかいよう》で入院しました。そうしたら多忙な斉藤くんが、手術の翌日、見舞いに来てくれた。私はまだ麻酔が効いていたのでよく覚えていないのですが、彼は私にこう尋ねたそうです。

「胃に穴があいたのは、俺のせいか？」

すると私は「おまえのせいだ」と答えたきりまた寝てしまった、と斉藤くんがのちに話してくれました。

とても忙しかったはずなのに、その後も彼は何回も見舞いに来てくれました。有名人の斉藤くんが何度もやって来るので、同じ病室の人が驚いたほどです。

私だけでなく、斉藤くんはまわりの人を助けることを厭《いと》いませんでした。あれほど面倒見のいい人間を、私はほかに知りません。

そのぶん、裏切られると鬼のように怒った。

だからというわけではありませんが、彼を裏切るようなことだけは、私は絶対にしたくなかった。

先に述べたように、私は大学一年のとき、脚のケガを悪化させてサッカー部をやめています。でも、いま考えれば、あのケガはサッカーをあきらめるほど重いものではなかった。斉藤くんと親しくなってから、そう思うようになりました。

それまでの私は困難や障害を前にすると、引いてしまうところが多分《たぶん》にあったと思います。しかし、同い年の斉藤くんは挑戦し続けていた。リハビリのときも、ものすごい形相で自分を追い込んでいました。

そういう男が近くにいて、こんな私をとても尊重してくれた。決して上から目線ではなく、同い年の男としてふつうに接してくれて、しかも、「おまえもがんばっているよな」と認めてくれていたのです。

そして、いつもこう言ってくれました。

「何か俺に手伝えることはないか?」

でも、彼に甘えてばかりいるわけにはいきません。

これからもずっと付き合っていくためには、自分も挑戦しなければならない。その勇気を私に与えてくれたのが斉藤くんです。

彼に出会っていなければ、いまもサラリーマンをやっていたかもしれません。

同い年で命を懸けて挑戦している男が近くにいる。しかも友達として、ふつうに付き合ってくれている。

「斉藤仁の友人だと言われて、恥ずかしくない生き方をしよう」

私が思い切って会社を起ち上げ、今日まで続けられたのは、生意気にも私にある意味、斉藤くんと対等でありたいという気持ちがあったからかもしれません。

夢のなかに現れた

亡くなる一年半前、二〇一三年の八月に、一緒にゴルフをしました。

そのとき、斉藤くんから「病院の検査で引っかかった」と聞かされ、半年後にがんであることがわかりました。

「しばらくまわりには黙っていてくれ」

そう言われました。

まだまだ彼は元気にしていたし、何かの用事で私の会社がある千葉に彼が来たときは、一緒に焼き肉を食べにいったこともあります。

でも、病気が進行するにつれて、会う回数が減っていきました。

私は連絡もとらなくなった。もちろん心配だったし、会いたかったけれど、家族との時間を大切にしてほしかったのです。斉藤くんは、家族の話を私によくしていましたから。

最後に会ったのは、二〇一四年の十二月二十五日です。入院先の大阪の病院に行きました。

面会謝絶だったのですが、斉藤くんの奥さんの三恵子《みえこ》さんが招き入れてくれたのでした。

病室に入ると、背中を向けて寝ていた彼が私のほうを振り返り、「何しに来たんだ」という目をしました。だいぶ痩《や》せていて、頬もこけ、「おまえにこんな姿は見せたくなかった」と言われました。

私はもう何も言葉を返せなかった……。

そのあと、斉藤くんが一方的にしゃべって、最後に「よくなって、また焼き肉、食いにいくからな」と手を差し出してきたとき、その手にけっこう力があって驚きました。

でも、顔はもう別人でした。

「あの男が……とてつもなく大きくて、誰よりも強くて、いつもあんなに愉快だった男が……」

そう思ったら、もうその場にいられなくなってしまった。

「ゆっくりしていってください」と三恵子さんは言ってくれましたが、ダメでした。

そして、「またな」と言って別れたのが、最後になりました。

それから三週間ほどたったある夜、斉藤くんが夢に出てきました。

息を引き取ったという報《しら》せが入ったのは翌朝です。

夢の詳しい内容は覚えていないけれど、斉藤くんはいつものようにニコニコしながら酒を呑んでいました……。

いまも彼の声が聞こえる

亡くなってから、彼のことをあえて思い出さないようにしていましたが、しばらくして三恵子さんから、「斉藤は最後まで、柔道を指導するためいろいろなところに出かけていた」と聞かされました。

自分は柔道に育てられたのだから、その恩を返す——そういう気持ちだったのでしょう。細くなった身体で、柔道を教えにいっていたそうです。

この話を聞いて、私は考えました。

「柔道は、あいつのすべてだったんだな。あいつは柔道に生きた。やはり人間は、何かに生かされているんだ。果たすべき使命があるんだ」

そして、あらためてこう決意したのです。

「俺も自分のやるべきことを、精一杯やり切ろう」

そう思ったら、斉藤くんが私の心のなかに宿っているような気がしてきました。

彼と知り合って間もないころ、こう言われたことがあります。

「いいよな、サッカー選手は。日本一になれば誉《ほ》められるから。俺たち柔道選手は日本一では許してもらえない。世界一にならないと殺されかねない」

元サッカー選手として、私はそのとき、ちょっと嫌な気持ちになりました。

でも、最近、その言葉をよく思い出します。

私の会社は、中古のトレーニングマシンの販売からスタートして、その後、オリジナル機器の製造まで手がけるようになりました。現在はトレーニングマシンのメーカーとして、おそらく日本一になっていると思います。

斉藤くんが誉めてくれるかどうかはわかりませんが、これはやはり、彼に恥ずかしくない生き方をしようと思い、挑戦したからでしょう。

人生、失敗や挫折はつきものだけれど、大切なのは、そこからもう一度やりはじめることができるかどうかだ——この精神は斉藤くんから学びました。

彼はほんとうに私の恩人です。

そして、いまもなお彼が、笑いながらこう言うのが聞こえてきます。

「髙田、逃げんなよ。逃げたら絶交だ」と——。

あきらめてはいけない

——斉藤 悟

さいとう・さとる

斉藤仁の実弟

一九六三年、青森県生まれ。青森の県立高校を卒業後、医薬衛生用品などを扱うピップ株式会社（現・フジモトＨＤ株式会社）に就職。青森支店に長く勤務したあと、東京、大阪に転勤し、現在は東京にあるフジモトＨＤ株式会社購買動向調査研究所の所長

父のゲンコツ

私が生まれ育った青森市の筒井八ツ橋《つついやはし》(現・筒井二丁目)は、JR青森駅の南東五キロちょっとのところにある、ごく一般的な住宅地です。

一戸建ての家に、両親(伝一朗《でんいちろう》と弘子《ひろこ》)、兄(仁)、私の四人で暮らしていました。兄と私は三学年違いです。

斉藤家は代々青森を中心に東北で生活を営《いとな》んできた家系で、父は共済農業協同組合の青森本部に勤めていました。

私が子供のころ、父は体重が九〇キロを超えていて、高校時代はラグビー選手、ポジションはフォワードだったそうです。つまり肉体派です。

また、結婚する前には出稼ぎで北海道の炭鉱に行き、そこで鍛えられたのか、かなりの酒豪でもありました。

農協の共済時代も、農家の方々と一緒に酒を酌《く》み交《か》わし、たいてい夜九時ごろに酔っ払って帰ってきていたのを覚えています。

兄と私は玄関先に父の足音が聞こえると、「さあ寝よう」と、そそくさと自分の部屋に引きあげていました。口うるさい親父と、あまり接したくなかったからです。

父は亭主関白とカミナリ親父を絵に描いたような人で、私たちが兄弟喧嘩をしたり、父より遅く帰宅すると、すぐさま怒声《どせい》とゲンコツが飛んできました。

外で遊んでいても、「親父、まだ帰ってきてないよな」と気になって仕方がない。とにかく怖かった。

たとえるなら、『巨人の星』の星一徹《ほしいってつ》です。しつけに厳しく、私たちの言葉遣《づか》いや、あいさつの仕方が悪いと、卓袱台《ちゃぶだい》をひっくり返したりはしないものの、烈火《れっか》のごとく怒りました。

スパルタな面も多分《たぶん》にあり、兄が小学四年生のときは、鉄下駄《てつげた》を買ってきてこう言いました。

「仁、学校にこれを履《は》いて行け。男は足腰を鍛えなきゃいかん」

わが家では、父の言葉は絶対です。兄は命じられるまま、家から二キロほど離れた学校に、しばらく鉄下駄で通ったのでした。

そんな厳しい父の防波堤に、母がなってくれました。

相当わんぱくだった兄と私をきつく叱《しか》ることもなく、いつも母はやさしく接してくれたのです。

兄と私は勉強より運動が好きで、母は「何ごともできる範囲でがんばればいい」と応援してくれていました。

そんな母の愛情が伝わっていたからこそ、親父に厳しくされても道を外《はず》れることなく、前に進むことができたのだと思います。

スキーも上手

兄はガキ大将で、まわりにはいつも友達が大勢集まっていました。

弱い者いじめをするようなワルではないけれど、身体がほかの子より圧倒的に大きく、子供同士でじゃれ合っていても、ちょっと押しただけで相手が吹っ飛んでしまいます。

そのため、乱暴者と受けとめられることもあったかもしれません。

私は小学生のころ、毎日夕食前にプロレスごっこに付き合わされ、痛い思いをしました。体格がまるで違うので、当然勝負になりません。

私は技をかけられ、最初のうちは「痛いよ」とか言って笑っていても、いつも負けるので嫌気《いやけ》がさして、付き合わなくなりました。すると兄は、「小遣《こづか》いあげるから、やろうよ」と誘ってきた。

とにかく、兄は身体を動かすのが大好き。父ゆずりの肉体派といえるでしょう。

私も同じように身体を動かすのが好きで、いつも兄と一緒に遊んでいました。

学校から帰ってランドセルを玄関に放り込むや、兄と私は外に飛び出し、夏はカブトムシを捕《と》ったり、プールで泳いだり、野球をしたり。冬はスキーや雪合戦です。

兄はスポーツ万能で、身体がすごくやわらかかった。

水泳は二五メートルプールをラクに何往復もするし、野球をすれば四番打者。スキーもすごくカッコよく滑っていました。

スキーのことで思い出すのは、兄のやさしい一面です。

よく滑りに行ったのは家から一〇キロ以上離れたスキー場で、父が車で送ってくれるのですが、「帰りはバスを使え」とバス代をもらっていました。

兄と私はそのおカネを飲み食いにあて、家までスキーで滑って帰りました。吹雪になることもあり、すごく寒くて体力もいる。そんなとき兄は、「悟、大丈夫か？」と声をかけてくれました。

兄は子供のころから面倒見がよかったのです。

家の壁は穴だらけ

柔道に目覚めたのは、兄が小学校六年生のときだったと記憶しています。

当時放送されていたテレビドラマ『柔道一直線』を観たのがきっかけです。主人公の一条直也《いちじょうなおや》を桜木健一《さくらぎけんいち》さんが演じたこのドラマに、兄は夢中になりました。

忘れられないのが、一条の必殺技の「地獄車」。

組みついた相手と一緒にぐるぐる回転し、相手の頭部を畳に何度も叩《たた》きつけます。一条の師匠・車周作《くるましゅうさく》（演じたのは高松英郎《たかまつひでお》）が編《あ》み出した技で、車は相手を死にいたらしめたことがあるため、めったに使いません。

そんな危険な技を、兄は私にかけるのです。

家のなかで一〇〇キロ近く体重のある兄が私に組みつき、私は毬《まり》のようにころがって、壁のあちこちに身体をぶつけました。そのため壁は穴だらけ。畳の下に張ってある板も軋《きし》み、やがて割れてしまいました。

柔道を本格的にやるようになったのは、兄が青森市立筒《つつ》井《い》中学校に入学してからです。

学校の柔道部に入部し、家の近くの道場にも通いはじめました。

私も父に「仁と一緒にやれ」と言われ、道場に行くようになったのですが、それで思ったのが、

「兄貴は特別にすごいんだな」

ということです。

すでに述べたように、兄はもともとどんなスポーツも上手《うま》く、柔道もすぐに技を覚えてしまった。しかも、身体がずば抜けて大きく、力も強い。

そんな兄にくらべると「俺はあまりにふつうだ」と思い知らされ、やがて「兄貴は兄貴、自分は自分でいいじゃないか」と考えるようになりました。

そして私は柔道から離れ、中学では相撲とバレーボール、高校ではハンドボールに打ち込んだのでした。

兄は柔道をはじめてから大きく変わり、私から見ても、輝きを増したと思います。心からやりたいと思うスポーツが見つかって自主性が生まれ、日曜日も誰に言われなくても練習に没頭。中学三年で黒帯（初段）をとると、さらに稽古に励《はげ》みました。ただ、それだけ柔道に熱中すると、やはり勉強のほうがおろそかになってしまいます。

いつだったか、酔って帰宅した父が兄の部屋をのぞき、柔道の練習で疲れ切った兄が眠っているのを見て、

「なんで寝てるんだっ！　試験勉強もしないで！」

と、ものすごい剣幕で怒鳴り、酔った勢いで兄を激しく叩きました。私がいる隣の部屋までその音が聞こえ、「そこまでやるか」と震《ふる》えあがったほどです。

父は兄に対してとにかく厳しかった。それは長男だからで、私はその六掛《ろくが》けぐらいの厳しさだったと思います。

そのことに気づいたのは、兄が国士舘高校の柔道部に入るために、ひとりで上京してからです。

盾《たて》になってくれていた兄がいなくなると、俄然《がぜん》、私に対する父の風当たりは強くな

りました。「こんなたいへんなことに、兄貴は耐えていたのか」と、思い知らされたのでした。

はじめて兄が泣いた

一九七六年の春、兄は父に付き添われて上京し、国士舘高校に入学しました。

実は、兄が中学三年になって進路を決める際に、ほかの高校の柔道部だけでなく、相撲部屋からもスカウトの話がきていました。

もともと青森県は相撲が盛んな地で、元横綱・初代若乃花《わかのはな》と元大関・初代貴ノ花《たかのはな》の兄弟（弘前市出身）をはじめ、強い力士が輩出していて、相撲ファンも多い。父には「仁は相撲に進めばいいいんじゃないか」という考えもあったようです。

兄が角界入りしていたら、かなりいいところまで行けたと思いますが、国士舘からスカウトに来てくださった川野一成《かわのかずなり》先生の熱意に、父は心を動かされました。「柔道を続けたい」という兄の意志を尊重しようという思いもあって、川野先生にあずけることを即決したのでした。

けれど母は、柔道部が強い県立青森北高校に通わせたかった。中学を出たばかりの息子を東京にひとりで行かせるのは、心配でたまらない。母親として、それは当然の気持ちでしょう。

それだけに、父が独断で国士舘入りを決めたときのショックは大きく、しばらく父と口をききませんでした。

兄が上京したあともずいぶん寂《さび》しがり、小遣《こづか》いや着替えなどをこまめに兄に送っていたようです。

兄がはじめての夏休みに帰省をしたとき、ちょっとした騒動が起こりました。

「父さん……俺、もう東京に戻りたくない」

家族の前で、兄が泣きながら言ったのです。私も、そんな兄の姿を見るのははじめてです。

家族と離れて暮らす寂しさ、過酷な稽古、上下関係の厳しさを体験し、精神的にかなり追い込まれていたのだと思います。

父は「そうか」と言っただけでしたが、私のいないところで母と一緒に兄を説得したようです。しばらく実家で過ごしたあと、兄は東京へ戻っていきました。

そんな兄も高校二年になると、それなりにやっていける自信がついたのでしょう、「悟、いまどんなことをしてるんだ？　がんばれよ。おまえもいつか東京に来いよ」と、私のことを気にかける心の余裕が出てきたようでした。

レギュラーになり、その年（一九七七年）八月のインターハイで、国士舘は念願の団体戦初優勝を果たしました。

「仁はすごいことをしたな」

翌年のインターハイは福島県の会津若松で行われたので、両親と私は応援に出かけました。

それまでも父と私はよく応援に行っていたのですが、母も一緒に兄の試合を観るのははじめて。柔道のルールをよく知らない母ですが、静かに見守るように観戦していました。

想像をはるかに超えて成長した兄の勇姿を見て、安堵《あんど》していたと思います。

父は終始無言でした。国士舘が優勝を果たし、インターハイ団体戦二連覇を達成しても、喜びを表《おもて》には出しませんでした。

父の口から兄を誉《ほ》める言葉をはじめて聞いたのは、一九八四年のロサンゼルス五輪で金メダルを獲《と》った翌日です。

「仁はすごいことしたな。たいしたもんだな、あいつは」

私とふたりきりのとき、そう呟《つぶや》いたのです。

おそらく、兄に直接は言っていないでしょう。

父としては、高校一年のときに「東京に戻りたくない」と泣いた息子がここまで成長したのだから、うれしくないわけがない。ただ、その気持ちを表に出すことはめったになく、面と向かってわが子を誉めることもない。

そういう昔気質《むかしかたぎ》の父親です。

そんな父も、のちに私が結婚して子供が生まれると激変しました。孫を溺愛し、赤ちゃん言葉で話しかけるようになったのです。

それを見た兄は仰天し、

「ウソだウソだ！　なんだよ、あの変わりようは！　こんなことってあるか⁉」

と言ったあと、絶句したのでした。

自分にプレッシャーをかけた

一九八八年四月、全日本選手権が行われる日本武道館に、兄は父を招待しました。それまで兄が父を誘ったことは一度もなく、はじめてのことです。

兄は一九八五年、世界選手権でひじを負傷し、一九八七年には練習中にひざに重傷を負いました。この全日本選手権で優勝しなければ、その年九月からのソウル五輪に出場することはできない。負ければおそらく引退になり、全日本選手権で優勝することがないまま選手生活を終えることになる……。

そういう状況で迎えた大会に、はじめて兄は父を呼んだわけです。

「親父の前で半端《はんぱ》な姿は見せられない。恥ずかしい闘いはできないぞ」

兄は自分自身にプレッシャーをかけるために、招待したのだと思います。

父は日本武道館に出かけ、兄が用意した正面席で試合を見守りました。

決勝に進んだ兄は、大会三連覇を狙う正木嘉美《まさきよしみ》選手と対戦。背負い投げの攻勢でポイントを挙《あ》げ、判定勝ちをおさめました。悲願の全日本選手権初優勝を果たし、人目もはばからず号泣したのでした。

柔道は、番狂わせが少ないスポーツだと言われます。試合で問われるのは選手の底力です。結果を出すために、選手たちは日々壮絶な稽古を積んでいるわけです。

ましてこのときの兄は、大ケガからのスタート。とてつもない努力の末に這い上がったと言えます。

こうした数年間の苦労があったからこそ兄は号泣したのですが、はじめて全日本選手権の試合に父を呼び、父の目の前で復活できたことも大きかったのだろうと思います。

兄は柔道をはじめるとき、「死ぬまで続ける」と父に誓《ちか》い、柔道着を買ってほしいとねだりました。その約束を守り抜き、兄は粘り強く、柔《やわら》の道を歩んできた。

苦しいとき、逃げ出したいとき、父の厳しい顔が浮かんでくることも多々あったと想像できます。父は、人として正しい道を歩めと、兄と私に説《と》き続けました。兄の涙は、あきらめずに歩き続ける姿を父に見せることができた、その喜びの涙でもあったのではないでしょうか。

上／2009年の元日に青森で、斉藤兄弟と母・弘子《ひろこ》
下／1998年、仁37歳、悟34歳。
悟の息子ふたりと、ねぶた祭に出かけた

そんな兄を見ながら、私もあきらめないことの大切さを学びました。

父は十五年ほど前に、七十二歳で亡くなりました。長く糖尿病をわずらい、青森の自宅で、心不全で静かに息を引き取ったのです。

火葬場で骨になった父を見たとき、兄と私はさめざめと泣きました。

母を囲んで

兄にも私にも、子供がふたりいます。どちらも男兄弟です。

兄は子供が生まれてから、ずいぶん穏《おだ》やかな顔を見せるようになりました。話題は自分たちのことよりも、家族のことが多くなりました。兄は子供たちが柔道をはじめるようになると、しつけにも厳しくなっていったようです。

「兄貴はいよいよ親父に似てきたな」

そう思うことがしばしばありました。

私は医薬衛生用品などを扱うフジモトＨＤ株式会社に勤めています。

青森の県立高校を出て、その会社の青森支店にしばらく勤務したあと、本社のある東京と大阪に転勤しました。

二〇一四年の秋に兄が東京で入院したとき、私は大阪にいました。

東京に見舞いに行き、「兄貴、顔を見に来たよ」と声をかけると、兄は「おお」と返事をしてベッドに上半身を起こしたものの、痛みがあるようでした。

それをこらえて、「覚悟はできているんだ。お母さんのこと、頼むな」と私に言いました。

苦しい表情を見ていると言葉がつまりましたが、「早く病気を治して、元気な顔をお母さんに見せてやってよ」と声をかけました。

そう口にするのが、やっとでした。

心配をつのらせていたら、その年の暮れ、兄は家族が暮らす大阪の病院に転院してきました。私は毎週、お見舞いに行けるようになりましたが、ほどなくして兄は亡くなったのでした。

病院のベッドに横たわる兄の姿を見て、目に涙が溢れ、愕然《がくぜん》として、身体から力が抜けていきました。

子供のころはわんぱく坊主で、現役選手のときは誰よりも強靭《きょうじん》な身体を作り、引退後はちゃんと健康に留意していた兄が亡くなった。

ふたりの息子の成長も、兄は楽しみにしていました。

私は現実を受け入れることができませんでした。

子供のころから、私はずっと兄の存在に刺激をもらっていました。

一緒に遊び、兄弟喧嘩もたくさんしました。

兄は右ひざに大ケガをしたとき、挫折しそうになりましたが、最後は前向きに物事をとらえて決断し、自分の決めたことに集中して努力していました。現役引退後は、指導者として多くの教え子を育てました。

そして、病気になったときでさえ、決して下は向きませんでした。

「死ぬまで続ける」と父に誓い、歩みはじめた道、柔道家としての人生をまっとうした姿に、私は畏敬《いけい》の念を抱《いだ》いています。

兄を慕《した》い敬《うやま》う私の気持ちはずっと変わらず、兄が亡くなってからは、感謝の思いも抱くようになっています。

いま、兄はきっと天国で、父に「よくやったな、仁」と誉めてもらっていることでしょう。

第三章

三つめの金メダル

ぜんぶ覚えてるよ

——斉藤一郎

さいとう・いちろう

斉藤仁・三恵子夫妻の長男

一九九九年、東京都生まれ。三歳のときに母親と大阪に引っ越す。小学校四年生から柔道を習いはじめた。大阪の私立高校を卒業後、東京の国士舘大学に進み、柔道部に所属。現在、身長一七三センチ、体重八〇キロ

鬼だ！

二〇一九年の春、国士舘大学柔道部の先輩が寮を出ることになり、その手伝いをしたときのことです。

引っ越し先は世田谷（東京）で、僕が小さいころに住んでいた家の近くをたまたま通りました。

二十年近く前に、家族で暮らした家です。その偶然に驚きながら、外からそっとのぞかせてもらったところ――。

「庭も玄関も、あのころのままだ。あ、ここにたしか、車が置いてあったな。お父さんがバットを買ってきてくれて、近くの公園でよくキャッチボールをしたっけ。サッカーもやったな……」

父との思い出が次々とよみがえり、懐《なつ》かしさで胸がいっぱいになったんです。

母と僕は、僕が幼稚園に入る直前に、この家から母の実家がある大阪の平野《ひらの》区に移りました。

当時、父は柔道日本代表の監督を務《つと》め、とても忙しくて家を空けることが多かったので、母は実家の近くで暮らすことにしたのだと、だいぶあとになって母から聞かされました。

父だけ東京に残り、つまり単身赴任になった。そして、その世田谷の家にひとりで住み続けたのでした。

弟の立《たつる》は、そのあとに生まれました。

父と離れて暮らすのは寂《さび》しかった。けれど、僕が東京に行くと、時間を見つけて遊んでくれました。

思い出すのは、プールに行って水のなかで柔道をやり、父を一本背負いで投げたこと。体重一〇〇キロ以上の父も水の浮力で軽くなるから、小さい僕でも投げられる。そうやって遊ぶのが楽しくてたまらなかった。スキーやスケートも、父に教えてもらいました。

「遊ぶときは思いっきり遊べ」と言ってくれる、やさしいお父さん。けれど僕や立が柔道をはじめてから、ガラッと変わった。

僕と立は本気で「鬼だ！」と思うようになりました。

地獄のはじまり

父から「柔道をやれ」と言われたことはありません。

でも、ものごころがついたころから、僕は現役時代の父の試合をビデオなどで観せられていました。

たとえば、ロサンゼルス五輪で金メダルを獲《と》ったとき。父は豪快な投げ技をバンバン決めて、次々に一本を取った。「すごいな！」と感動しました。

でも、ソウル五輪では投げ技が決まらず、苦戦した試合もあったせいか、「面白くないからいいよ」と、あまり観せてくれなかった。

一九八五年の山下泰裕《やましたやすひろ》先生との最後の試合は、「お父さんがバーンと倒したのに、なんで勝ちじゃないねん！」と、僕は柔道のルールをまだ知らなかったのに、生意気にもそう思いました。

こうして繰り返し父の試合を観るうちに、「カッコいいな」と憧れるようになり、「柔道をやりたい」と自分から言い出してしまった。

父はすごくうれしそうでした。

「しめしめ、うまい具合に乗っかってきたな」

と、内心ほくそえんでいたに違いない。いま思えば洗脳です。

むりやり柔道をやらされたのなら「もう嫌や、やめる」と平気で言えるけれど、自分から「やりたい」と言った以上、途中で「やめる」と切り出すのはむずかしい。

父はそこまで考えていたんだなと、あとになって気づきました。父の巧妙な戦略に、僕はまんまとはまってしまった。

というわけで、僕は小学四年生のときに柔道をはじめました。

そのころは何をするにも兄弟はセットだったので、立と一緒に家から少し離れた道場に通うようになりました。

稽古は日曜以外ほぼ毎日、午後四時半から七時ぐらいまで。最初はひたすら受け身と打ち込み（相手を投げるまでの動作）の繰り返しです。でも、柔道は新鮮で面白かった。

ところが、一年足らずで「地獄」がはじまりました。

大阪の家の和室に父が柔道用の畳を敷き詰め、大阪に帰ってきたときに稽古をするようになったのです。

「ちょっと来いよ、教えたるわ」

父が柔道着に着替えてそう言ったら、地獄の時間のはじまりです。

投げ込みは床が抜けるのでやりませんが、打ち込み、重心の移動、寝技などを徹底して反復させられました。

もちろん、立も一緒です。

打ち込みのとき、踏み込む足が一センチでもずれていたら「やり直し！」。

多少ずれるのがふつうだと僕は思うけれど、

「そこをぴちっと身体で覚えなきゃダメなんだよ！」

と父は怒鳴る。なかなかできないでいると、父はみるみるヒートアップして、

「なんでできねえんだよ！　もう一回やってみろ！」

とさらに大きな声をあげ、そのうちバーンと手も出る。

あの練習はほんとうにきつかった。

「理不尽やな」と思いましたが、自宅だから逃げられない。僕と立は「次はいつ、お父さんが帰ってくるのか」と戦々恐々《せんせんきょうきょう》としていました。

旅先でも柔道

東京に遊びに行くのも、もう楽しくなくなりました。

国士舘大学の柔道場（多摩キャンパス）に連れて行かれ、父は大学生の部員たちの前に僕を引っぱりだして、

「こいつ、ボコボコにしていいから」

なんて言う。大学生が入れかわり立ちかわり僕を畳にころがし、僕がワーワー泣きだしたとき、父が言いました。

「これが柔道なんだよ！」

鬼以外のなにものでもありません。

小学生の子供が久しぶりに東京に遊びに来たら、ふつうはディズニーランドに連れて行ったりしますよね。

もう一緒にプールで遊ぶこともなくなり、東京に行っても柔道、家族旅行をしても旅先で柔道、です。

父の前では、気をゆるめることができなくなりました。

父は長男の僕に対してことに厳しく、柔道以外のことでもこっぴどく怒られました。

そのため、僕は人が怒り出すタイミングがなんとなくわかるようになったほどです。

「この人にこれ以上言ったら怒るな」というアンテナが備《そな》わってしまったようです。

母の言うことを聞かないときは、とりわけ猛烈に怒られました。ボコボコに殴られたこともあります。

あるとき、手をあげた父に「頬っぺたを出せ」と言われ、反射的に目をつむって顔をそむけたら、

「なに逃げてるんだ！　男がそう言われたら、潔《いさぎよ》く頬を出すんだよ！」

とキレられ、ビンタを何発も食らいました。

立はその様子をじっと見ていた。そして自分が殴られそうになったとき、「顔をそむけたらお兄ちゃんみたいにやられる！」と思って、自分からぐっと頬を出した。

すると父は「おっ！」と驚いて、ちょっと笑ってしまい、「それでいいんだよ」。

おかげで立はセーフ。「こいつ、しっかり俺のこと見て学習したな」と、僕はちょっぴり悔《くや》しくなったのでした。

上／2011年７月、全国中学校柔道大会の大阪府予選会で、
一郎の所属する上宮中学柔道部が優勝。左から一郎、仁、立
下／2013年暮れから出かけた沖縄で。
これが最後の家族旅行になった

家出したいと思ったことも何度もあるけれど、その勇気が僕にはなかった。

それでも父のもとで柔道を続けたのは、「やめたら自分には何も残らない」とわかっていたからかもしれません。

柔道そのものは好きだし、小学校時代は試合であまり勝てなかったので、中学に入ってからは少しでも多く勝とうと思うようになりました。

そのとき、斉藤仁の息子であることを、自分をふるい立たせる材料にするようにもなった。

「俺は斉藤仁の息子だ！　何も怖くないぞ。かかってこいよ、誰でも！」というふうに。

ほんまに治るの？

「一郎、おまえはお父さんの代わりなんだから、お母さんと立をしっかり守れ」

中学時代に、僕は父からこう言われました。

荷が重いなと思ったけれど、父はいつも家族のことを気にかけている。それがよくわかりました。

「毎日電話してこいよ」とも言われ、柔道のことや学校のことをよく話しました。怒鳴られ、しばかれて「ひどい！」と思うことが多かったけど、父と僕の関係はけっこう緊密《きんみつ》だったのです。

だから父が病気であることを知らされたときは、すごいショックを受けました。中学三年生（二〇一三年）の暮れ、冬休みのことです。

福岡での柔道の合宿を終え、フェリーで大阪に帰ってきた僕を、父が車で迎えに来てくれました。

車のなかで父とふたり。父が唐突《とうとつ》にこう話しかけてきました。

「お父さんさ、古川《ふるかわ》先生と同じ病気になったんだ」

古川先生は、僕がお世話になっている中学の柔道部の監督です。そのときはもう完治していましたが、数年前、古川先生はがんにかかっていました。

「えっ！　つまり、がんということ？」

「うん。でも、心配するな。すぐに治るから」

父は淡々と言います。信じられなくて、僕がずっと黙っていると、

「誰にも言うなよ。必ず治るから。心配しなくていいから」

父はそう繰り返しました。

そのとき父はまだ痩《や》せていなかったし、元気そうに見えたので、「きっと大丈夫」と思いました。その反面、「ほんまに治るの？」という不安もあり、「わかった」としか僕は言えませんでした。

翌年（二〇一四年）の一月、父は東京の東大病院に入院することになり、僕と立は「肝内胆管《かんないたんかん》がん」という病名を父から告げられました。

五月ごろに「もう治った」と父から聞かされ、立はその言葉を信じきっているようだったけど、治ったにしては母が全然喜んでいるように見えない。

ほんとうに治ったのか？　僕は半信半疑でした。


「お父さん、ありがとう」

その後、母は頻繁《ひんぱん》に東京に行くようになり、大阪に帰ってきても、父の状態に関する話はあまりしませんでした。僕たちを心配させたくなかったのでしょう。

正確な病状を知らされたのは二〇一四年十二月、父が大阪の病院に移ってからです。僕が病院に行くと、母が医師と話しながら泣いている。「どうしたん？」と訊《き》いたら、すべて説明してくれました。

そこではじめて、父の厳しい病状を知ったのです。

父は別人のようにやつれ、とても現実のこととは思えませんでした。それでも父は精一杯元気に振る舞おうとしていた。

母は病室で、父に付きっきりになり、家のことは近くに住んでいる祖母が見ることになりました。

僕は「とにかく柔道をがんばろう」と思って道場に通い、練習のあと、夜になってからお見舞いに行きました。

大阪に転院してきてすぐのころは、ふだんどおりの会話がまだできていたと思います。話題はやはり柔道のこと。父はもう身体は思うように動かせなくなっていたので、言葉で稽古をつけてくれました。

「相手が技をかけてきたときの腰の切り方をやってみろ」

そう言われて、ベッドのすぐ横で僕が身体を動かすと、

「そこは違う。こうやって受けて、こうやって腰を切るんだ」

父は体の動かし方を詳しく説明してくれたのでした。

そんな父も、日を追うごとにしゃべる元気がなくなり、前の日はベッドから起き上がれたのに、次の日には起き上がれなくなるなど、目に見えて弱っていきました。いろいろな薬を使っていたせいか、僕が見舞いに行く夜の遅い時間帯には、意識がはっきりしない状態になってしまいました。

「いっちゃん、覚悟しておいて」

母にそう言われたのは、二〇一五年一月十九日の昼ごろです。

そして日付が変わった深夜二時、「いまから迎えに行く」と叔父からの電話……。

あわてて病院に駆けつけたとき、もう父の意識はありませんでした。

「お父さんの手を握ってあげて。いまのぬくもりを忘れたらあかんよ」

母に促《うなが》されて、父の手を握りました。

すでにその手は冷たかった。でも、最後に伝えたいことをすべて言っておこうと思いました。

「いままでお父さんに言われたこと、ぜんぶ覚えてるよ。俺、がんばるから。お父さん、ありがとう……」


あとは何を言ったか、覚えていません。

母も何か話しかけていたけれど、それも記憶にない。

立は無言で茫然と立ちつくしていました。まさか父が死ぬなんて思っていなかったから、現実が呑《の》み込めなかったのでしょう。

僕は高校一年、立は中学一年でした。

僕の知らない父の姿

父の死後、さまざまな方が、僕が知らなかった父の話をたくさん教えてくれました。

強敵に勝つため練習に練習を重ね、貪欲《どんよく》に技の研究をしたこと。しつこくて嫌がられるほど、山下泰裕《やましたやすひろ》先生に稽古をお願いしたこと。右ひざに大ケガをしてどん底に落ちながら、つらいリハビリを乗り越えて復活したこと。そして、一ミリ単位で足の位置を突き詰めていたこと……。

子供のころの僕は、一センチのずれで怒られていましたが、実は一ミリのずれに父はこだわっていたわけです。

当時、僕は「なんで、こんなちょっとの違いで怒られなきゃあかんの?」と思ったけれど、柔道を続けるうちに、その大切さがわかるようになりました。

わずかなずれで、身体の重心や腰の位置が変わります。そのずれが身体全体に伝わり、すべてが大きく狂ってくることを体感した僕は、「親父の言っていたとおりだ」と気づいたのです。

教えていただいた父の話のなかで心にいちばん響いたのは、指導者になってからの面倒見のよさです。

父は教えた選手ひとりひとりの進路を気遣《きづか》い、その選手が引退したあとも最後の最後まで面倒を見ていたそうです。

柔道家として、人間として、父の大きさがあらためてわかった気がします。

その父から託された「お母さんと立をしっかり守れ」という言葉……。当時は重く感じましたが、いまはごく自然に受けとめられるようになっています。

たとえば、母がいつまでも父の死を悲しんでいたら家が暗くなってしまいます。そういうのは嫌だから、僕は悲しみにくれたりせずに、これまでどおり明るく母を支《ささ》えよう。そんな気持ちになりました。

父を失った悲しみはあまりに深く、どこまでも落ちていってしまいそうです。だからこそ気持ちに区切りをつけて、斉藤仁という大きな父親に育てられたことを誇りにしながら、前向きに生きていこう――そう思えるようになったのです。

とはいえ、父を亡くしてすぐのころは、「もう柔道をがんばる甲斐《かい》がない」と落ち込みました。

大学は以前から東京の国士舘と決めていたけれど、母を大阪に残していくのは心配なので、地元の大学に進んで柔道とは決別しようと考えたこともあります。

そのとき、それではダメだと言ってくれたのは母でした。

「絶対に国士舘に行ったほうがいい。地元の大学に通って母親のもとで流されるように暮らしたら、ろくな人間にならない。ただし、やりたいことをきっちり決めなさい。そのためのおカネはあるけど、大学で遊ばせるためのおカネは、うちにはないから」

母のあと押しのおかげで、僕は国士舘大に進学して柔道を続けることになりました。

キャンパスに足を踏み入れたのは、道場で大学生たちにボコボコにやられた小学五年生のとき以来。まわりの風景は、あのときとそれほど変わらず、すごく懐かしかった。

親子二代の金メダル

いま、僕は大学四年生です。

実は、卒業後も柔道を続けるかどうか迷っています。柔道以外のことに熱中してみたい気持ちがあるからです。父から「おまえ、なに言ってるんだ!」と怒られるに決まっていますが……。

それはともかく、社会人になったら弟の立をサポートしていこうと思っています。立は小学六年のときに全国少年柔道大会に優勝してから、大きな大会をいくつも制しています。

中学を卒業したあと、東京の国士舘高校に通い、二〇一九年には国士舘高校柔道部の団体三冠(インターハイ、全国高校柔道選手権大会、金鷲旗《きんしゅうき》高校柔道大会)達成に貢献しました。

知名度が高まってきているので、今後はいろいろな人との関わりが増え、ときには人間不信になったり、怪《あや》しげな人が近づいてきたりするかもしれない。

そういうときに父がいないのは不安ですが、それを補《おぎな》うのが僕の役目。立が人間関係に行き詰まったときに話を聞いてあげて、アドバイスすることはできると思っています。

立は東京五輪には間に合わなかったけれど、その次はパリでオリンピックが開かれます。

パリ五輪を目指す立をメンタル面で支え、「親子二代の金メダル」というでっかい夢を実現させて、父に喜んでもらえたら最高です。

もう俺はガキやない！

——斉藤　立

さいとう・たつる

斉藤仁・三恵子夫妻の次男

二〇〇二年、大阪府生まれ。小学校一年のときに柔道をはじめる。大阪の私立中学を卒業後、東京の国士舘高校へ。二〇一九年、国士舘高校柔道部の団体三冠（インターハイ、全国高校柔道選手権大会、金鷲《きんしゅうき》旗高校柔道大会）に貢献。二〇二〇年四月、国士舘大学に進学。現在、身長一九二センチ、体重一六〇キロ

血の気が引いた

「何、ここ？」

家の近所の柔道場にはじめて連れていかれたとき、僕はそう思いました。畳をたくさん敷き詰めた、だだっ広い部屋を見ることなんて、それまでなかったから。

僕が小学校に入学してすぐのころです。

三学年違いの兄が柔道をはじめると言い出して、僕も一緒に道場に通うことになったんですが、僕は柔道をやりたいとも、やりたくないとも思っていなかった。

母が道場への送り迎えをしてくれたから、何となくついて行っていたという感じです。

父は東京に単身赴任していて、大阪に帰ってくると必ず稽古を見に来ました。

道場に通いはじめてしばらくのあいだ、僕はお遊び程度の軽い練習しかしていなかったと思います。

でも、兄は違った。父にかなり厳しく指導されているのが、まだ小さかった僕にもわかりました。

教えるうちに父はどんどん熱くなっていき、しまいには怒鳴りまくったりしたからです。僕はその様子を見ながら、いつもおびえていました。

「俺もいつか、ああいう目に遭《あ》うのか」

そう思うと、サーッと血の気が引きました。

その反面、ふだんの父はやさしかった。家族で食事をするときは、うるさいくらいにしゃべり続け、会話が途切れることがないほどでした。

兄や僕が「家族旅行はグアムに行きたい」「ハワイがいい」と言えば連れて行ってくれたし、「お小遣《こづか》いちょうだい」とせがめばポンとお札を渡してくれたこともある。

「お母さんには内緒だぞ。むだ遣《づか》いしないで貯めておけ」と言いながら。

そのやさしい父が、柔道になると一変する。ほんとうに恐ろしい顔つきになる。「鬼の斉藤」と呼ばれていたみたいですが、そのとおりです。

父が道場に入ってきた瞬間、身震いするような緊張感が走り、その場の空気が凍りつきます。「多重人格」なんて言葉は、当時の僕は知らなかったけれど、そのとき思ったことをいま言いあらわせば、こういうことになります。

「うちの親父、マジで多重人格者か?」

そして、恐れていることが小学三年生になると起こりました。鬼の矛先《ほこさき》が僕にも向きはじめたんです。

長いときは三時間、技の練習や一人打ち込み(相手を投げるまでの動作を一人で行うこと)をやらされるようになり、できないとみんなの前で容赦《ようしゃ》なく「やめちまえ!」と怒鳴られる。道場に来ているほかの子には、そんな厳しい指導はしないのに……。

「なんで兄貴と僕だけ、こんなんやらされるねん」

自分の境遇を恨《うら》みました。さらにそのころ、父は僕らに家でも柔道を教えるようになった。道場で泣かされ、家で泣かされ……柔道をやめなかったのがほんとうに不思議です。

父の弱点

父が東京にいるときは毎日のように、「お父さん、今度いつ大阪に帰るん?」と母に訊《き》くようになりました。

その日が待ち遠しいわけでは、もちろんありません。

父が帰ってくる日は朝から憂鬱《ゆううつ》でしかたなく、「頼むから夜に帰ってきて」と、ひたすら念じました。

でも、学校から帰ると、玄関に父のでっかい革靴《かわぐつ》がある……。

「あっ！　今日は絶対、夜の道場の練習に来るやん！」

その瞬間、僕は泣いていました。

こうしていま思い出すだけで、泣きそうになります。

そして、父が大阪の家にいるあいだは、「いつ東京に帰るん？」と母に訊いてばかりでした。

父は僕ら兄弟が大きくなるにつれて、しつけにも厳しくなっていきました。でも、これに関しては、父の弱点を知っていました。

母のお母さん、つまり僕の祖母です。

父は一度爆発すると抑《おさ》えがきかなくなり、母が「もうやめたって！」と全力で止めに入っても、ネチネチネチネチ怒っていたりしましたが、近くに住んでいる祖母がやって来ると、むちゃくちゃやさしくなりました。

祖母には「いい人」と思われたかったみたいです。

で、父の怒りのスイッチが入ると、母が「おばあちゃん、いまから来て！」と電話するようになりました。祖母が駆けつけ、家に入ってきたとたんに、父は人が変わったようにニコニコ顔になる。

おばあちゃん効果は絶大でした。

最後の家族旅行

父から病気のことを知らされたとき、僕は小学校六年生でした。

二〇一三年の暮れのことです。

そのとき、がんはすでにステージⅣだったことを、兄も僕もあとから知ったんですが、父は「必ず治す」ときっぱり言った。でも、その顔が、いまにも泣きだしそうだったことをはっきり覚えています。

「こんなお父さん、見たことないな」と思いながらも、僕は絶対に治ると思い込んでいました。

その直後に小学生を対象にした全日本の強化合宿が開かれ、僕も参加しました。父は全日本柔道連盟の強化委員長として、初日にこんなあいさつをしました。

「この合宿では、技術だけでなく人間教育もしたい。これからの柔道界は、きみたちが背負っていかなきゃいけないんだ」

いまふりかえると、あの言葉は僕に対して言ってくれていたのかな、と思えます。父親として、兄と僕に伝えておきたいことがたくさんあったんだと、いまは想像できるのですが、当時はそういう考えは浮かんでこなかった。

それがちょっと残念です。

合宿が終わり、その年の大晦日《おおみそか》から五日間、沖縄に旅行をしました。

父は年末年始しかまとまった休みがとれないから、家族で旅行するのは決まってこの時期です。

沖縄旅行のあいだ、両親は僕たちの前で病気の話をまったくせず、兄と僕は柔道の練習を少しやらされたけど、これといって怒られることもなかったので、楽しかった思い出しかありません。

でもまさか、これが最後の家族旅行になるとは思ってもいなかった……。

「謙虚になれ」

その年（二〇一四年）の春、僕は地元の中学校に進学して、学校でいろいろ悪さをするようになりました。

「お父さんの病気は絶対に治る」と信じ込んでいたので心配などせず、学校でものびのびやっていたんです。

友達をからかったり、いたずらをしたり。そのたびに僕は反省文を書かされ、母は学校に呼び出されました。

父がただ怖いだけの人ではないんだなと思ったのは、このころです。

あるとき、授業を抜け出したことが先生にバレてしまい、母は先生から「またこういうことがあれば、学校をやめてもらいます」と厳重注意をされました。

母は、ちょうど大阪に帰ってきた父にも叱《しか》ってもらおうと、

「あかんわ、この子。授業もぜんぜん真面目に受けへんし」

とチクりました。

2011年12月、北九州市で行われた
西日本少年柔道大会の小学４年生の部で、立が優勝。
応援に駆けつけた父・仁と

ところが父は、「いいんだ、いいんだ」としか言わない。どんなひどいめに遭うかとビクビクしていた僕は、拍子抜けしてしまいました。

父は、柔道をしっかりやってさえいればいいと考え、授業を抜け出したことを叱らなかったんです。

ただ、そのあと家族で外出したとき、車のなかでひとことだけ言われました。

「立、謙虚になれ」

そのころの僕は、その言葉の意味がわからなかった。

「ケンキョってどういうこと？」と父に訊き、意味を教えてもらいましたが、僕は反抗期に入っていたこともあって「うっとうしいな」と思っただけ。

もちろん、そんなことを言ったら半殺しにされかねないから、口には出さなかったけれど。

謙虚になれ——。

そう言われたことはずっと覚えていて、いまも心に残っています。

とくに、柔道を続けるなかで、「謙虚にならなきゃいけない」と思ったことが何度もあります。

「稽古、行け」

闘病のあいだも、父は単身赴任を続けていました。試合や合宿でいろいろなところを飛びまわり、がんはもう治ったんじゃないかと思ったこともあります。

八月は世界選手権でロシアに出かけ、九月にはアジア大会で韓国の仁川《インチョン》を父は訪れました。そのころ一度、大阪に帰ってきたことがあったけど、僕は父の深刻な病状を知らないままでした。

ところが十一月中旬、東京の味の素ナショナルトレーニングセンターで行われた日本代表強化合宿に僕も呼ばれ、父と顔を合わせたとき、父がげっそりと痩《や》せていたので、びっくりしてしまった。

大阪の病院に転院して来たのは、それから一ヵ月後のことです。トレーニングセンターで会ったときよりさらに痩せていましたが、「最期《さいご》は家族のもとで」という意味の転院だとは考えもしなかった。

僕はほんとうにガキでした。

年が明けて一月十九日。数日前からインフルエンザにかかっていた僕は、その日は午前中に病院に行って「もう登校してよし」と許可をもらい、稽古まで時間があったので父のお見舞いに行きました。

父はもう話ができない状態で、息も荒く、さすがの僕も「いままでとはぜんぜん違う」と感じた。

目を閉じたままベッドに横たわる父に、母がこう問いかけました。

「今日は立を稽古に行かさんと、ここにいさせようか？　どうする？」

あとで知ったことですが、母は「この日が山かもしれない」と思っていたそうです。でも僕にはやはり、父が死んでしまうという感覚がなかった。それどころか、母のその言葉を聞いて「今日は稽古に行かなくていいんだ」と喜び、心のなかで「やった！」と叫んでいたのだから、ほんとうにガキです。

そのとき、父が低い声で答えました。

「稽古、行け」

命が尽きようとしているときにそう言ってのける父を、世間の人は「柔道家として生きたのだな」と感心するかもしれませんが、僕自身はそのとき、「ウソやろ」と思ったただけでした。

父の言葉には、絶対逆《さか》らえません。僕は道場に行き、夜まで稽古に没頭しました。

「強くなりたい」と、はじめて思った

翌日は朝練《あされん》があるので朝六時に起きなければならず、僕は家に帰るとすぐベッドに入りました。

そして突然、兄に起こされたんです。いつもは穏《おだ》やかな兄が僕を蹴飛ばし、「起きろ！」と怒鳴っている。朝練に遅れそうなのかと思い、「遅刻したら先輩に追い込まれる」と泣きそうになって時計を見たら、夜中の一時過ぎです。

そのあとすぐ叔父が車で迎えに来て、病院に連れて行ってくれました。

病室で、みんなで父の手を握り、母と兄が懸命に父に声をかけました。すると、閉じたままの父の目から、涙がどっとあふれ出た。

その直後、父は天国に行ってしまった。

「稽古、行け」が、僕が聞いた父の最後の言葉になりました。

母と兄は父にすがって泣いていました。叔父も泣いていた。でも、僕は父が亡くなったという実感がまだ持てず、涙は出てこなかった。

誰よりも大きくて、強くて、おっかない父が、まさかいなくなるなんて……。

「ウソやろ」と思いながら、ただその場に突っ立っていました。

それからしばらくのあいだ、僕はやっぱり父の死が信じられず、泣いて悲しむ気持ちにはなりませんでした。

それが変化したのは一ヵ月が過ぎて、日本代表の強化合宿に再び参加したときです。指導にあたる先生のなかには父の教え子だった方が多く、僕のことを心配して、しきりに声をかけてくださいました。

そのとき、心のなかで何かがパチンと弾《はじ》けた。

「お父さんは死んでしまったんだ」とはじめて実感して、悲しみが一気にあふれ出てきたんです。みんなの前で涙を流したら気まずくなるので、僕はあわててトイレに駆けこみました。

そこでひとり、声をあげずに泣いた。ぼろぼろと涙が出て、止めることなどできませんでした。

「本気で練習やらなあかん」

そう思うようになったのは、この日からです。それまではずっと「やらされている感」が強く、「練習しなきゃいけない」という思いと、「なんでこんなん、しなきゃあかんねん」という気持ちのあいだで揺れ動いていました。

柔道をやめたいと思うことも多く、父が亡くなるとき、兄のように「がんばるから」という言葉をかけることが僕にはできなかった。

この合宿で、生まれてはじめて「強くなりたい」「本気でがんばろう」という気持ちが湧《わ》きあがってきました。

「俺はもう、柔道をやらされているガキやないんだ。お父さんに恩返しをしなきゃいけないんだ。絶対に強くなろう。そのためにも、もっと積極的に稽古をせなあかん」

そう自覚して、無我夢中で稽古に取り組むようになりました。

身体が震えるような柔道

小学生のころは、柔道の稽古で父に怒鳴られるのが嫌でたまらなかったけれど、いまふりかえると父が教えてくれたことは、すべて的確です。

その教えが、いま僕のなかで活《い》きていることに感謝しています。

僕はいま身長が一九二センチ、体重は一六〇キロあり、身体はまさに父ゆずりです。けっこう柔軟性もあって、これも父から授《さず》かったものだと思います。

柔道の重量級の選手は、たいてい「払《はら》い巻《ま》き込《こ》み」という技を使います。払《はら》い腰《ごし》をかけてから、なかば強引に相手の身体を巻き込んで投げる、捨身技《すてみわざ》のひとつです。

父は、捨身技をまったく教えませんでした。それよりも「しっかり組んで、しっかり技をかける」という基本を大事にした。

父は何ごとにもこまかい性格で、それが柔道の指導にもあらわれ、基本中の基本を一からていねいに教えてくれたんです。

「稽古はウソをつかない」

父はよくこう言っていました。たしかにそのとおりだと思います。

二〇一九年十一月に千葉ポートアリーナで行われた講道館杯全日本柔道体重別選手権は、僕にとって東京五輪に出るための最後のチャンスでした。

言うまでもなく、たいへんレベルの高い大会です。

子供の七五三のときは、自宅（大阪）近くの写真館で
記念写真を撮った。2004年11月に撮影したもので、
仁43歳、一郎５歳、立２歳

高校三年生だった僕は、先輩方に胸を借りる気持ちで一〇〇キロ超級に出場し、下《げ》克上《こくじょう》を狙いました。

でも、結果は五位に終わってしまった。

もっと上に行かなければなりません。

そのために身につけるべきは、やはり「父の柔道」です。

身長が二メートルくらいある大きな相手と対戦するとき、たいていの選手は斜《なな》めに投げたりするものですが、父は圧倒的な馬力とやわらかな身のこなしで、正面からグワーッと投げようとした。

父がそうやって闘う姿をビデオではじめて観たとき、僕は衝撃で身体が震《ふる》えました。

残念ながら僕は東京五輪に出場できないけれど、試合を観ながら研究を積み、稽古を重ね、二〇二四年のパリ五輪を目指します。

もう僕はガキではない。

目標に向かって日々進んでいきます。

そして、身体が震えるような柔道を父に見せたい。僕もそんな自分を見てみたいと思っています。

あなたの道の続きを歩んでいく

——斉藤三恵子

さいとう・みえこ

斉藤仁の妻

一九六四年、大阪府生まれ。フランスの航空会社の客室乗務員をしていた一九九三年に斉藤仁と出会い、一九九七年に結婚。長男・一郎と次男・立《たつる》をもうける

後悔はない

「まいったな！　死ぬかと思ったよ！」

いまにも主人がガバッと跳《は》ね起きて、そう言ってくれるような気がして、私はベッドに横たわる主人をしばらく見つめていました。

がんを宣告されてから十三ヵ月。さまざまな治療を受けても状態はなかなか良くならなかったけれど、私は希望を捨てたことなどなかった。

この人なら、九回裏まで追い込まれても、必ず逆転満塁ホームランを打ってくれるはずだ――そう信じきっていたのです。

息を引き取る直前に、私と一郎、立が声をかけたとき、すでに意識のない主人の目から涙が溢れ出て、さらさらと頬を伝わりました。

感情のこもった涙だったのかどうか、私にはわかりません。

病気が判明する少し前から、主人はなぜか、

「孫の顔が見たいよね。でも俺、それまで生きているかな」

と言うようになりました。だから感情がともなっていたとしたら、「一郎と立の将来をもっと見たかった」という無念の涙でしょう。

自分自身の人生に対する悔《く》いは、まったくなかったと思います。

十八年間の私たちの結婚生活のなかで、「ああすればよかった、こうすればよかった」と後悔する主人の姿を、私は一度も見たことがありません。

カッコはつけない

主人と出会ったのは一九九三年です。

私はフランスの航空会社の客室乗務員で、パリで暮らしていました。日本に向かうフライトに乗務したとき、フランス遠征から帰国する柔道日本代表チームが乗り合わせ、そのなかに主人がいました。

そのころの日本代表の監督は山下泰裕《やましたやすひろ》さん。主人は山下さんのもとで、重量級担当コーチを務《つと》めていました。

といってもそれはあとから知ったことで、当時の私は主人の名前すら知らず、「ずいぶん大きな人だな」と思っただけ。

一緒に乗っていたフランス人の男性乗務員が、「彼は柔道の世界チャンピオンだよ」と教えてくれたのでした。

フランスは柔道大国で、柔道人気が高い。その同僚が主人のことをいろいろ知りたがり、「通訳をしてくれ」と頼まれたのが、主人と話をするきっかけです。

その少しあとのことです。今度は、日本からパリに向かう便に私は乗務しました。すると偶然にも、また日本代表チームが乗っていて、主人から「パリで試合をするから、よかったらみなさんで観に来ませんか」と誘われました。フランス国際柔道大会という試合です。

同僚たちと観戦したあと、チームのみなさんと食事をしました。

主人はクマのようないかつい身体に似合わず、やさしそうな雰囲気で、タオルで汗を拭きながらボソボソと話をした。そんな素朴な人柄に好感を抱きました。

それからは、日本代表がヨーロッパに来るたびに試合を観に行きました。

そのうち主人との交際がはじまり、一九九七年に結婚。主人は三十六歳、私は三十二歳でした。

出会ったばかりのころ、
パリのセーヌ河のほとりで

結婚してしばらくのあいだ、私は仕事をやめずにパリ暮らしを続け、日仏間を行き来していましたが、妊娠したのを機に東京で一緒に暮らすようになりました。一九九八年のことです。

家は世田谷にありました。主人は近所をよれよれのジャージで歩き、車はコンパクトカー。うわべのカッコよさになど見向きもしないタイプです。裏を返せば、自分に自信があったということなのでしょう。

「俺が勝負しているのは、そこじゃない。大切なものは、心のなかにあるんだ。ほかのことは、どうでもいいんだよ」

そんな信念を秘めている人でした。そこに私は惹《ひ》かれたのです。

「リーダーはこまかくなくちゃダメなんだ」

また、自分を「段どりくん」と称するほど、ものごとの細部にまで気を配《くば》る、繊細なところがありました。

「リーダーになる人間は、こまかくなくちゃダメなんだ」

それが口癖で、柔道だけでなく日常生活でも、小さなことにこだわるところがありました。あの巨体からは、誰も想像できないと思います。

そのこまかさを人にも要求しましたが、家では掃除と料理以外、自分のことはすべて自分でしていました。

そうでなければ、私にはあの人の妻はとても務まらなかったでしょう。

結婚して五年がたち、立の出産を控えていたこともあり、私は一郎を連れて大阪の実家の近くに引っ越しました。

当時、主人は柔道日本代表の監督として多忙をきわめ、試合や合宿で家をあけることが多く、それなら私の母がいる大阪で暮らしたほうが安心だと主人も言ってくれたのでした。

単身赴任になった主人は、たまに大阪の家に帰ってくると、「おまえは好きなことしろよ。旅行に行きたいなら行っていい。俺がちゃんと子供たちを見るから」と言ってくれた。妻に対する感謝と気遣《きづか》いを、きちんとしてくれる人でした。

どこの家庭にもあるような口喧嘩はよくしました。

私は主人と違って大雑把《おおざっぱ》な性格で、どんなに喧嘩をしても、ひと晩寝たらケロッと忘れて「おはよう」なんて言っている。でも、主人は「ゆうべ、あんなこと言っちゃった……」と気にしていて、謝《あやま》ってきたりする。そのたびに「おまえはいいよな、気ラクで」と言われたものです。

そんな私に安心して心を開いてくれていたのか、仕事のこともいろいろと話してくれました。

「トップっていうのは孤独なもんだ」

よくこう言っていたのを覚えています。日本代表の監督として、選手の選考や指導法などで問題を抱《かか》えていても、愚痴《ぐち》をこぼせるのは私ぐらいだったのかもしれません。

私の前ではじめて泣いた

主人の身体に異変が現れたのは二〇一三年の夏、結婚して十六年、主人が五十二歳のときです。

以前から糖尿病を抱えていましたが、医師から「食事管理と適度な運動をしていればいい」と言われる程度で、インシュリンなどは使っていなかった。

「健康オタク」と自称するほど身体に気を遣う主人は、薬をきちんと服用し、血液検査を毎月受けて数値も安定していました。

ところが、その夏の血液検査で、肝機能の数値が基準値の数倍に急上昇したのです。主人は驚き、担当の先生もびっくりしたようですが、糖尿病の薬を変えたばかりだったので、「その影響で一時的に数値が上がることもある。薬をまた変えて様子を見ましょう」と言われたそうです。

けれど二ヵ月がたち、十月になっても数値がいっこうによくならない。

ＣＴ検査も三回受けましたが、その時点で担当医はがんを疑っておらず、あとになって主人は、「画像に何か映《うつ》っていたようだけど、あのときは『脂肪の塊《かたまり》かな』と言われたんだよ」と怒っていました。

いまさら悔やんでもしかたありませんが、早く腫瘍《しゅよう》を疑って検査をしていれば……そう考えてしまう私は愚《おろ》かでしょうか。

「胆管《たんかん》に影が見えます。悪性腫瘍の確率がかなり高い」

そう言われたのは、十一月にＭＲＩ検査を受けたときです。年が明けたらすぐ、東京の本郷にある東大病院に入院して、詳しい検査をすることになりました。

ただ、私は「治らない」なんて微塵《みじん》も考えず、主人も元気そのもの。ふだんと変わらず食欲もあるし、疲れやすくなったわけでもなかった。

主人は手術をすれば必ず治ると信じていて、こう言いました。

「それなら切腹だ。すぱっと腹を切って悪いものを全部取ってもらう。俺は絶対そんなものに負けねえよ」

そのためにまず東大病院で検査をすると考えていたはずですが、それでも一度、私の前で弱音を吐いたことがあります。

年明けからの入院にそなえ、年末に必要な書類を揃えていたとき、足りない書類があることに気づきました。「お正月休みがあるから間に合わないかもね」と話しているうちに、主人がぽろっと涙をこぼしたのです。

私が「書類が一枚くらいなくても、きっと大丈夫よ」と元気づけると、主人が涙を浮かべながら呟《つぶや》きました。

「俺はこれから、こうやっておまえの前で何回泣くのかな」

病気がわかってから、私の前で涙を見せたのはこのときがはじめてです。

「ああ、この人も弱気になることがあるんだな」

私はそう思いました。

息子たちには怖い父親だったと思いますが、夫としては、元気で明るく、いつも前向きで、手もかからない。とてもありがたい夫です。

悪性腫瘍の疑いがかかったあとも、息子たちの前では弱気になることはなく、いつも気丈《きじょう》にふるまっていました。

その年の大晦日《おおみそか》から年明けにかけて、沖縄へ家族旅行をしたのですが、主人はホテルの部屋に入るなり、息子たちに体落《たいお》としの練習をさせ、レストランで順番待ちをしているあいだも、「おい、やってみろ」なんて言う。

「ひとが見てるわよ！」と私が怒ると、「うるせえ、外野《がいや》は関係ねえんだよ」と、いつもと同じ調子でした。

一年後は、もういないのかもしれない

二〇一四年の年明け早々、沖縄旅行から帰った主人は、東大病院に検査入院しました。

血糖値が安定してからでないと検査ができないというので、入院してしばらくは食事をコントロールし、インシュリンもそこではじめて打ちはじめたと記憶しています。

血糖値が安定したところで検査を受けました。

結果は衝撃的でした。

「肝内胆管《かんないたんかん》がんです。原発のがんは六センチほどになっています。すでにリンパ節にも転移が見られます」

そう告げる医師に、主人が「ステージで言うと、どの段階ですか」と訊《き》くと、

「ステージⅣです。リンパ節に転移があるので、もう手術はできません」

と医師は答えた。

主人は意外なほど冷静にそれを聞いていたけれど、肝内胆管がんで外科的治療ができない場合、いったいどのようなことになるのか……。私は家に帰るや、インターネットで調べました。すると、「予後《よご》が非常に悪い」と書いてある。

一年後、あの人はもうここにいないかもしれない。病気で弱っていく姿を、私はただ見守るしかないのか――。それまで感じたことのない不安と恐怖が一気に押し寄せてきて、胸が押しつぶされ、私は息苦しくなりました。

思いきり泣いてしまえば、少しラクになったのかもしれません。

でも、いちばんつらいのは主人です。私には、そのつらさはわからない。

「私がオロオロしたらあかん。あの人を病人扱いするのはやめよう」

かろうじて、自分にこう言い聞かせました。もう腹をくくるしかありません。

それからは、いつもどおりに主人に接し、気に入らないことがあれば、遠慮しないで言いました。

それでも不安でたまらなくなることがある。

そういうときは、ひとりで車を走らせて、泣きました。

少しだけ気持ちがラクになるのでした。

「おまえが帰ったあとが、すごくつらい」

その後、主人は通院しながら抗がん剤治療を受けることになり、私は毎週末、大阪の家から東京に通いました。

あるとき、私に「もう来なくていいよ」と言うので理由を訊くと、こう答えました。

「おまえが帰ったあとが、すごくつらい」

ひとりになると、いろいろと考えてしまうのでしょう。

加えて、主人が言うように「薬の副作用なのか、鬱《うつ》みたいな気分になる」ため、つらい時間をすごしていたのだと思います。

主人が突然こう言い出しました。

「こんな状態だと仕事ができなくなってしまう。西洋医学は俺には合わないんだ。もう抗がん剤はやめて、ほかの治療を探したいんだけど、いいかな?」

正直言って不安でしたが、主人はもうやめると決めているのだろうと思い、

「どういう治療でも私は全面的に応援するから、自分の思うようにやればええよ」

と答えたのでした。

その後は、「糖質制限をもとにした代替治療《だいたいちりょう》」や「温熱療法」などを試しました。するると検査の数値がよくなり、主人は手ごたえを感じていたようです。

ところが五月に入ってから、それまではなかった症状が次々に出てきました。黄疸《おうだん》が出るようになり、「身体がかゆい」と言い、さらに便《べん》が白くなったのです。

都内の大学病院で検査を受け、「胆管が詰まってきて流れが悪くなっています。ス

テントを入れるほうがいいですね」と告げられました。

胆管にステントという器具を入れると、肝臓から胆汁《たんじゅう》が排出されやすくなり、黄疸を防げるそうです。

入院してその治療を受けたところ、黄疸はおさまり、少し元気になりました。けれど、しばらくすると症状がぶり返し、入退院を繰り返すように……。

それでも主人は仕事を続けているので、私はたまりかねて「別の方にお任せして治療に専念すれば?」と進言したこともあります。

「俺はやめてもいいんだけどさ……」

主人はそう答えたけれど、とても責任感が強い人です。すべての仕事から身を引くのはむずかしかったでしょう。

がんが判明した時点で主人が病名を告げていたのは、山下泰裕先生、上村春樹《うえむらはるき》先生、国士舘高校柔道部の岩渕公一《いわぶちこういち》監督、国士舘大学の関係者など、ごく少数の方たちだけです。

そして、主人はこのころから痩《や》せはじめた。まわりの人には「糖尿病のせいだ」と話していたようです。

一縷の望みを託して

夏を迎えて八月の末、主人は世界選手権でロシアを訪れました。移動距離が長くて負担が大きかったせいか、九月にアジア大会で韓国の仁川《インチョン》へ行ったとき、腹水《ふくすい》でおなかがパンパンにふくらんでしまった。

帰国した主人は、ひとりで都内の大学病院に行き、腹水を抜いてもらいました。LINEで「水がこんなに入っていたよ」と写真を送ってきたのですが、そのあと電話で話すと、「苦しい」という言葉をもらしました。

そんなこと、決して言わなかった主人が……。

心配になって私が「どこが痛いの？」と尋《たず》ねても、主人は「大丈夫」と答えるばかり。

「あなたは、いなきゃいけない人。私が代わってあげられたらよかったね」

LINEにそう書いて送りましたが、それに対する返事はこなかった。

その後、東京に行ったとき、「私が代われたら、なんてもう言うなよ」と叱《しか》られました。

私は胸が苦しくなって、黙ってうなずくことしかできませんでした。

このころから、主人は急激に痩せていきました。

食事をしても、すべてがん細胞の栄養になってしまい、食べても食べても痩せていく。

そのなか、十一月はじめに行われた講道館杯は試合会場に出かけていきましたが、十一月半ばに状態がさらに悪化。検査の結果、胸水《きょうすい》がたまっていることがわかり、すぐに入院して腹水と胸水を抜いてもらうことになりました。

私が大学病院に駆けつけると、主人はひとりで歩くことがままならない状態になっていた。

実は、主人はその年の六月から、別の病院で免疫療法を試《こころ》みてもいました。

「この治療法でほんとうにいいのだろうか」と迷いながらも、「効くかもしれない」と一縷《いちる》の望みを託し、代替療法や民間療法を受けていたのはすでに述べましたが、がんの患者さんやご家族には、私たちと同じような経験を持つ方が多いのではないでしょうか。

免疫療法をしてくださった先生から、がんが五ミリほど小さくなったと言われたときは、「角度によって小さく見えているだけでは？」と疑う半面、「ああ、よかった」とうれしくなりました。

一ミリでもいいからがんが小さくなっていてほしかったし、何よりも主人が「これをやれば治る」と信じていたので、私の喜びもひとしおだったのです。

しかし、希望の灯《ひ》は、長くはともってくれなかった……。

夢に出てくるのは柔道のこと

「ご主人が少しでも会話ができるうちに、ご家族との時間をたくさん持たれるほうがいいと思います。大阪の病院に転院することをお勧めします」

十一月末になると、大学病院の先生にこう言われました。

十二月の初旬、免疫療法を受けていた病院で、直近《ちょっきん》の検査写真を見せられました。主人の身体全体に散らばった無数のがん細胞が赤や黄色に光っていて、不謹慎にも私は「きれいな星空みたい……」と思ってしまった。

ショックがあまりにも大きいと、悲しみすら湧《わ》いてこないのかもしれません。

そして、大急ぎで東大阪の病院に転院する手配をして、十二月二十日に東京を離れました。

主人はそのときすでに、移動には車いすが必要になっていました。

主人の教え子で、国士舘大学柔道部の監督を務める鈴木桂治《すずきけいじ》さんなど、ごく近《ちか》しい方だけに転院をお知らせすると、みなさんで連携して、車いすの主人を新幹線に乗せてくださいました。

東京駅のホームでボロボロ泣いているみなさんに、主人は「早く行け」と言うように手で払う仕草をしました。

弱っている姿を、できるだけ見せたくなかったのでしょう。

東大阪の病院では、担当の先生にお願いして、話ができる程度に薬を調節していただきました。

「病院の隣のスーパーに行ったら、雑貨がたくさんあったわよ。よくなったら一緒に行こうね」

見かけによらず雑貨が好きな主人にそう言うと、「うん、行く行く」と顔をほころばせ、家に戻るときにはあれを買おう、これも買おうと言う。

退院できると信じていたのです。

けれど、日を追うにつれて、意識のはっきりしない時間が増えていきました。

そんなときはいつも柔道の夢を見ているようで、「この会場の設営はよくないな」

「女子トイレをちゃんとしてあげてね」なんて、しきりにうわごとを言います。

ストレッチャーに乗せられて病院の三階にある検査室に行ったときには、看護師さんに「サウナに行きたい」と言い、看護師さんが「えっ、サウナですか?」と訊き返すと、「はい、この三階にありますよね」と答えたそうです。

この話を看護師さんから聞いて、私はハッと気づきました。

主人が若いころから通った講道館（東京）には、三階にサウナがあるのです。

あのとき主人の心は、講道館に飛んでいたのでしょう。

病室で主人が幻覚を見たこともあります。胸水がたまっているため横向きに寝ていた主人が、ベッドの横に座る私に、

「おまえの隣に女の人が立っている。俺に『練習に行け』と言っている」

と話しかけてきたので、びっくりして「えっ、ここに女の人がいるの?」と訊くと、

「うん。でもさ、俺はひざがボロボロだし、こんな状態だから、『もう練習できませ

ん』って、おまえが言ってくれる？」

と答える。

それで私は隣のほうに顔を向けて、話しかけました。

「申し訳ありません、主人はひざが動かないし、いまは病気で練習もできませんので、お引きとりいただけますか？」

私が主人に「どう、消えた？」と訊いたら、「うん、どこかに行った」。

気持ちが現役時代に戻り、練習しなければという強い思いが、こういう幻覚を見させたのかもしれません。

そのように、話すのは柔道のことばかりなので、私は少し寂《さび》しかった。

「私に何か伝えたい気持ちはないの？」と……。

そんな主人が一度だけ、思いを言葉にしてくれたことがあります。

朦朧《もうろう》としたままただ横たわる主人を見ているうちに、私がつい弱気になり、すすり泣いてしまったとき、主人がぱっと目を開け、こう言ってくれたのです。

「泣かせてごめんな」

たった一度きりだけど、忘れられない言葉になりました。

もう一度、主人と家ですごしたい

大晦日の日に、主人は大阪の家に一時帰宅しました。

病院から家まで介護タクシーを利用して、私、息子二人、それとタクシーの運転手さんにも手伝ってもらって、四人がかりで主人が乗ったストレッチャーを持ちあげ、二階のリビングに運びました。

久しぶりの帰宅でしたが、主人は感慨《かんがい》にふけるでもなく、リビングに用意しておいたベッドに無言で横たわっているだけでした。

「病院に戻りたい？」

私がそう訊くと、主人は「うん」と答えます。

「やっぱり私たち家族だけでは、身体のことが不安なのかな」と思いました。

八時間足らずでしたが、自宅に家族四人でいられることが、私にはことのほかうれしかった。

もう一度、主人と家ですごしたいと、ずっと思っていたからです。

それから二十日たった二〇一五年一月二十日、主人は天国へと旅立ちました。亡くなる前日、主人は絞り出すような声で「稽古、行け」と、見舞いに来ていた立に言いました。

もう息をするのも苦しい状態なのに、「ここにいてくれ」とは言わなかった。そういう父親の生き方を、息子たちはこれからの人生のなかで理解していくのではないか――私はそう思っています。

「この子たちをちゃんと育てて、立派な柔道家にするから安心して。約束するから大丈夫やで。何も心配しなくていいから」

最期《さいご》のときに、私が主人にかけた言葉です。

とにかく主人に安心してもらわないといけない。何の未練も残してほしくない。心残りがあるとしたら、柔道選手としての息子たちの行く末だけでしょう。

最後の最後まで柔道、柔道、柔道と言い続けた主人に、ほかにかけられる言葉があるでしょうか。

意識はなくても、主人には私の言葉がちゃんと聞こえていたと思います。

主人は柔道のことになると人が変わり、一郎と立には、見ていてかわいそうになるくらい厳しく練習をさせました。

といっても、ただ厳しいわけではありません。二人の性格や能力を見きわめたうえで、指導をしていました。

一郎に対しては、小学生のころからこう言い続けていました。

「おまえは身体がまだできあがっていない。でも、こつこつと稽古をしていれば、中学、高校になって絶対に芽が出る」

主人以上に大きい立とくらべれば、一郎はごく一般的な体格です（現在、身長一七三センチ、体重八〇キロ）。

真面目な性格なので地道に稽古を続け、実際、高校生になると、もう少しでインターハイ出場というところまで強くなりました。

父親から「まだ身体が――」と言われ続けた子が、そこまで行った。それが私はとてもうれしく、誇《ほこ》らしかった。

立の場合は、彼が小学生のころから、主人が私に「こいつが将来、いろんな国際試合に行くようになったら、おまえは試合を観に行くの？」と訊いてきました。

当時から、そういうイメージを持っていたのでしょう。

立が小学三年生のときには、こう言いました。

「こいつは並の小三じゃない。俺はプロだからわかるんだ。いま俺は立に、日本代表の強化選手に教えるのと同じことをやっている」

とても厳しい稽古だったでしょう。それについていった立は、よくがんばったと思います。

こうして一郎と立に対する主人の言葉をひとつひとつ思い返すと、「私とは違うところを見ていたんだな」と、いまさらながら腑《ふ》に落ちることがたくさんあります。柔道を含めて二人の人生の、先の先まで見通していたのだろうと思います。

「ありきたりの人生でいいの？」

たとえば、小学校受験のための塾に、私が一郎を通わせはじめたころです。主人が私に訊きました。

「おまえさ、いったいこいつらを何にしたいの？　まさか医者とか弁護士とか、そういうのになってほしいわけ？」

母親として、わが子にはいい学校に入ってほしい、いいところに就職してほしいと願うのは、ごくふつうのことです。

「ええ、なってくれたら、すごくいいわ」

と私は答えました。すると主人は、

「そういうありきたりの人生でいいの？」

と言うのです。

ずいぶん失礼な言いようですが、いま思えば、主人は受験や就職といった目先のことではなく、もっと先を見ていた気がします。

柔道一筋の主人は、稽古や試合をとおして、勉強だけでは味わえない感動――ほんとうに心を揺さぶられる瞬間――を何度も経験してきたのでしょう。

私自身、息子たちが柔道をはじめてから、そういう感動をたくさん味わわせてもらいました。

息子たちも同じだと思います。

稽古で主人に追い込まれて「この野郎！」と反感を抱き、「なんで、こんな親父の子に生まれたんだ」と理不尽に思うことも、何度もあったでしょう。

でも、受験や就職ばかりにとらわれて、ありきたりの人生を息子たちに歩ませたら、こうした感情をひっくるめた真の感動は味わえないだろう。

主人は、そこまで見通していたように思うのです。

生前、主人はこんなことを語っていました。

「自分の人生には、三つの金メダルがあると思っています。一つは柔道選手としてもらった金メダル。二つめは、教え子たちが獲《と》ってくれた金メダル。三つめはこれから。自分で自分に金メダルをかけてあげられるような人生を歩んでいきたい」

だから私は、一郎、立と一緒に主人の前に立って、あの太い首、大きな肩に、三つめの金メダルをかけてあげたいと思います。

いまもふと、電話をかけようとしてしまう

主人のお骨は、いまも大阪の家にあります。

息子たちが柔道をはじめたあと、主人はこの家の一階の和室に柔道用の畳を敷き詰めました。

その部屋にお骨を置いて、私は毎日息子たちのことを報告したり、愚痴を言ったりしています。

いまもすぐそばにいる人なので、立の試合を観たあと、「お父さんに報告しなきゃ」と電話をかけようとしたこともありました。

主人が亡くなって、もう五年以上がたちました。

でも、いまだに、ほんとうの意味でお別れを言った気がしないのです。

主人の死後、私は「あの人ならこう言うだろう」「こうするだろう」と考えながら、一郎と立を育ててきました。

ただ、柔道に関してはまったくの素人《しろうと》なので、主人が息子たちに何を求め、どうさせたかったのかは、うまく想像することができません。

「ほんとうに、これでよかったのかな？」と尋ねたい気もしますが、そうやってうしろを振り向いても、主人はきっと喜ばない。

「あなたは先に逝《い》ってしまったんやから、何を言っても、もう知らんわ」

そう思うようにしています。

主人が遺《のこ》してくれた最大の財産は、人との絆です。

いまも私たち親子は、主人の先輩や後輩、教え子の方々に、さまざまな面で支《ささ》えていただいています。

感謝の気持ちでいっぱいです。

「お父さんが遺してくれたたくさんの絆を、これからも大切にしていかなければあかんよ」

息子たちにはいつも、そう言い聞かせています。

いつの日か、一郎、立、そして私が、人を支えられるようになればいい。

主人は、ひたすら柔《やわら》の道を歩んだ人でしたが、私たちはその道の続きを歩いていきます。

主人もずっと一緒に歩いてくれるでしょう。

だから、お別れの言葉など言う必要はないんだと、私は思っています。

2013年の夏、家族みんなで
東京スカイツリーにのぼった

1984年８月、ロサンゼルス五輪。
95キロ超級で金メダルに輝く

斉藤仁

［略年譜］

1961年 ● 1月2日、青森県青森市に生まれる

1967年 ● 青森市立筒井小学校に入学。テレビドラマ『柔道一直線』を観て、6年生のとき、柔道に目覚める

1973年 ● 青森市立筒井中学校に入学。柔道部に入部する。3年生のとき、青森県中学校体育大会夏季大会の重量級で優勝を果たす

1976年 ● 東京・世田谷の国士舘高校に入学。柔道部に所属

1977年 ● インターハイの団体戦で、国士舘高校は初の日本一に

1978年 ● インターハイの団体戦で、2連覇を達成。個人戦でも準優勝

1979年 ● 国士舘大学体育学部に進学し、柔道部に所属。10月、全日本学生選手権の無差別級で決勝に進み、東海大学4年生の山下泰裕と初対戦。惜しくも敗れる。11月の全日本新人体重別選手権（出場できるのは満20歳まで）では、95キロ超級で初優勝を飾る（81年まで3連覇）

1980年 ● 6月、全日本学生選手権の95キロ超級で初めて優勝。9月、ポーランドで開催された世界学生選手権の95キロ超級で初優勝を果たす

1981年 ● 6月、全日本選抜体重別選手権の95キロ超級で初めて優勝。同月、全日本学生選手権の無差別級で初優勝を果たす

1983年 ● 1月、正力杯国際柔道大会の無差別級で初優勝。4月、通算3度目の出場の全日本選手権で、初めて決勝に進出。山下泰裕と対戦

し、判定で敗れる。10月、モスクワで開かれた世界選手権の無差別級で初優勝を飾る

1984年　8月、ロサンゼルス五輪の95キロ超級で、初の金メダルを獲得

1985年　4月、全日本選手権の決勝で、山下泰裕に敗れる。これが山下との最後の対戦になる。9月、ソウルで開かれた世界選手権の95キロ超級決勝で、韓国の趙容徹《チョヨンチョル》と対戦。ひじにケガを負う

1987年　3月、練習中に右ひざをひねり、大ケガを負う

1988年　4月、全日本選手権を初制覇。9〜10月のソウル五輪では、95キロ超級で2度目の金メダルを獲得

1989年　3月、現役を引退
8月、国士舘大学柔道部の監督に就任（2000年まで）

1992年　10月、柔道日本代表の重量級担当コーチに就く（2000年まで）

2000年　11月、柔道日本代表の監督に就任（2008年まで）

2008年　11月、柔道日本代表の強化副委員長に就く

2012年　11月、柔道日本代表の強化委員長に就任

2013年　11月、胆管の異状が判明

2014年　1月、肝内胆管がんと診断される。12月、東大阪の病院に転院

2015年　1月20日、永眠。享年54

写真

毎日新聞社／アフロ（カバー表１）
アフロ（カバー表４）　アフロスポーツ（カバー帯）
山下泰裕氏提供（P.8）　山田真市／アフロ（P.14）
岡村啓嗣（P.34、P.56、P.76、P.114、P.134、P.156、P.176、P.196）
川野一成氏提供（P.44上）　上村春樹氏提供（P.60）
時事通信社（P.88）　井上康生氏提供（P.96）
YUTAKA／アフロスポーツ（P.100）
髙田敏氏提供（P.120）　斉藤悟氏提供（P.44下、P.148）
斉藤三恵子氏提供（P.164、P.184、P.192、P.200、P.225）
共同通信社（P.227）

山下泰裕　やました・やすひろ

一九五七年、熊本県生まれ。東海大学大学院体育学研究科修了。一九七七年から全日本選手権で九連覇を達成。一九七九年から三大会連続で世界選手権優勝。一九八四年のロサンゼルス五輪で無差別級の金メダルを獲得した。一九八五年に現役選手を引退。一九九二〜二〇〇〇年には全日本柔道連盟ヘッドコーチを務め、柔道日本代表チームを率いた。現在、全日本柔道連盟会長、日本オリンピック委員会（JOC）会長などを兼務

柔《やわら》の道《みち》　斉藤《さいとう》仁《ひとし》さんのこと

二〇二〇年六月二十五日　第一刷発行

編者　山下泰裕《やましたやすひろ》

発行者　渡瀬昌彦

発行所　株式会社講談社
東京都文京区音羽二―一二―二一
〒一一二―八〇〇一
電話　編集〇三―五三九五―三四三八
販売〇三―五三九五―四四一五
業務〇三―五三九五―三六一五

印刷所　凸版印刷株式会社

製本所　株式会社国宝社

定価はカバーに表示してあります。　ISBN978-4-06-520390-3